Knaur
MensSana

Bei Knaur sind bereits folgende Titel der Autorin erschienen

ABC des Positiven Denkens
Positives Denken
Das Positiv-Denken-Lesebuch
Nur keine Angst!

Über die Autorin:

Vera Peiffer wurde 1953 in Bensberg bei Köln geboren. Nach dem Studium der Anglistik, Germanistik und Psychologie in Köln und London zog sie 1982 nach London, wo sie als Psychotherapeutin und analytische Hypnosetherapeutin eine Praxis betreibt. Sie ist Dozentin an der London Business School und leitet die nach ihr benannte Stiftung *The Peiffer Foundation*, die sich der Förderung des Positiven Denkens verschrieben hat. Einem breiten Publikum ist sie bekannt durch ihre Bücher und Seminare über Positives Denken, Beziehungs- und Partnerfragen sowie Stress- und Angstbewältigung.

Vera Peiffer

Aktiv-Programm Positives Denken

So verwirklichen Sie
Ihre persönlichen Ziele

Knaur
MensSana

Besuchen Sie uns im Internet: www.droemer-knaur.de
Alle Titel aus dem Bereich MensSana finden Sie im Internet unter
www.knaur-mens-sana.de

Vollständige Taschenbuchausgabe Januar 2005

Knaur Taschenbuch.
Ein Unternehmen der Droemerschen Verlagsanstalt
Th. Knaur Nachf. GmbH & Co. KG, München

Umschlaggestaltung: ZERO Werbeagentur, München
Umschlagabbildung: Zefa
Satz: Pinkuin Satz und Datentechnik, Berlin
Druck und Bindung: Clausen & Bosse
Printed in Germany
ISBN 3-426-87223-4

2 4 5 3 1

Das Aktiv-Programm hilft Ihnen,
Ihre ganz persönlichen Ziele zu verwirklichen,
wie zum Beispiel

- lästige Angewohnheiten ablegen (Rauchen, Nägel kauen etc.)
- selbstbewusster mit Freunden und Kollegen umgehen
- sich in Gruppen wohler fühlen
- den falschen Partner endlich verlassen
- den richtigen Partner finden
- sich schwierigen Menschen gegenüber besser durchzusetzen
- bessere Leistungen in Schule und Beruf erbringen
- größere Kreativität entwickeln
- Gedächtnis und Konzentrationsvermögen verbessern
- das richtige Gewicht erreichen (ab- oder zunehmen)
- von einer Krankheit schneller genesen
- eine Operation optimal überstehen
- in stressreichen Situationen die Ruhe bewahren
- Ängste und Phobien bekämpfen
- den Beruf wechseln
- mehr Geld verdienen

Inhalt

Vorwort

Liebe Leserin, lieber Leser,

Sie haben vielleicht schon meinen ersten Band über Positives Denken gelesen und wollen jetzt einen bestimmten Problembereich in Ihrem Leben ganz gezielt angehen. Dabei kann Ihnen das *Aktiv-Programm Positives Denken* entscheidend helfen.
Aber auch, wenn Sie sich bislang noch nicht mit dem Positiven Denken befasst haben, ist dieses Buch für Sie geeignet. Ganz automatisch werden Ihnen die Grundlagen des Positiven Denkens vermittelt, wenn Sie das Aktiv-Programm konsequent durcharbeiten.
Träume und Ziele brauchen nicht unerfüllt zu bleiben, vorausgesetzt, Sie widmen sich dem Aktiv-Programm über einen Zeitraum von vier Wochen ganz intensiv. Wenn Sie die Grundlagen des Positiven Denkens im Griff haben, dann schaffen Sie den Weg zu Ihrem Ziel mit minimalem Aufwand. Doch zunächst einmal müssen Sie etwas Arbeit investieren – es lohnt sich!
Das vorliegende Buch gibt Ihnen klare Anweisung, wie Sie Ihr persönliches Erfolgs-Programm Schritt für Schritt durchführen und so Ihrem Ziel näher kommen können, bis Sie es schließlich erreicht haben.
Fragebögen, Übungen und Checklisten ermöglichen es Ihnen, Ihre Stärken und Schwächen zu erkennen, realistische Ziele zu stecken und diese konsequent mit einigen einfachen Techniken zu verfolgen.
Sie können mehr, als Sie glauben. Beweisen Sie es sich, indem Sie noch heute anfangen, Ihr Leben mit Hilfe des Aktiv-Programms positiv zu verändern! Und lassen Sie sich bitte

nicht durch Unkenrufe Ihrer Mitmenschen oder Zweifel in Ihrem eigenen Kopf davon abhalten, sich mit allen Kräften Ihren Zielen zu widmen. Das Aktiv-Programm ist Ihre Gebrauchsanleitung zum Glücklichsein, aber der wirkliche Held Ihrer Lebensgeschichte sind Sie selbst. Jeder von uns hat alle Voraussetzungen in sich, um sein Leben besser und schöner zu gestalten, aber die meisten von uns wissen gar nichts von diesen inneren Kräften und gebrauchen sie daher nur selten. Übernehmen Sie die Führung in Ihrem Leben und die Verantwortung für Ihr eigenes Glück. Krempeln Sie die Ärmel hoch. Je früher Sie anfangen, desto schneller sind Sie am Ziel.

Wagen Sie es, glücklich zu sein!

Alles Gute wünscht Ihnen

Ihre *Vera Peiffer*

Bestandsaufnahme

Bevor Sie damit anfangen können, Ihr Ziel zu verwirklichen, müssen Sie sich erst einmal klar darüber werden

- was Sie eigentlich *genau* wollen, und
- was Ihnen bis jetzt gefehlt hat, um dieses Ziel zu erreichen.

In meinen Seminaren stelle ich immer wieder fest, dass Teilnehmer, die ein klares Ziel haben, wesentlich bessere Erfolge erzielen als diejenigen, die bei der Zielsetzung zu ungenau sind. Nehmen Sie also die Vorbereitungen ernst, um Ihre Erfolgschancen zu erhöhen!

Was möchten Sie erreichen?

Wichtig ist, sich nicht mit zu vielen Zielen zu verzetteln. Es ist besser, weniges zu Ende zu bringen als vieles nur halb fertig zu machen.

Bevor Sie sich aber auf ein Ziel festlegen, lassen Sie Ihrem Wunschdenken erst einmal freien Lauf. Machen Sie eine Liste all derjenigen Dinge, die Sie gerne erreichen möchten. Dabei brauchen Sie zunächst nicht nach Wichtigkeit der Ziele zu ordnen: Schreiben Sie einfach nacheinander auf, was Ihnen in den Kopf kommt, und versuchen Sie, so viele Ziele wie möglich zu finden. Benutzen Sie am besten einen Bleistift, damit Sie später noch umformulieren können, wenn Sie wollen.

Ziel-Liste

Ich möchte gerne Folgendes erreichen:

1. ______________________________

2. ______________________________

3. ______________________________

4. ______________________________

5. ______________________________

6. ______________________________

7. ______________________________

8. ______________________________

Sehen Sie sich jetzt bitte die folgende Tabelle an. Aus ihr ersehen Sie, in welche Kategorie jedes einzelne Ihrer Ziele fällt. Notieren Sie den entsprechenden Buchstaben der Ziel-Kategorie neben jedem Ihrer aufgeschriebenen Ziele.

ZIEL-KATEGORIEN

Angewohnheiten, (A)
wie zum Beispiel

- mit dem Rauchen aufhören
- mit dem Nägelkauen aufhören
- aufhören, sich ständig Sorgen zu machen

Umgang mit anderen, (U)
wie zum Beispiel

- den falschen Partner endlich verlassen
- den richtigen Partner finden
- Angst vor Autoritätspersonen verlieren
- sich in Gruppen selbstbewusster verhalten
- gelassener im Umgang mit dem anderen Geschlecht werden
- ruhiger mit den eigenen Kindern/Kollegen umgehen
- liebevoller mit dem Partner umgehen
- sich schwierigen Mitmenschen gegenüber besser durchsetzen

Leistung, (L)
wie zum Beispiel

- ein besseres Gedächtnis bekommen
- berufliche Leistung verbessern
- sportliche Leistung steigern
- künstlerische Leistung verbessern
- sich besser in der Schule oder im Beruf konzentrieren können
- mehr Geld verdienen
- sich trauen, etwas Neues zu lernen

Körperliche Gesundheit, (K)
wie zum Beispiel
- fitter werden
- schlanker werden
- zunehmen
- eine Krankheit bekämpfen
- von einer Krankheit schneller genesen
- eine Operation gut überstehen
- nach einem Unfall schneller gesunden

Seelische Gesundheit, (S)
wie zum Beispiel
- ruhiger werden
- ausspannen lernen
- eine Phobie überwinden
- weniger ängstlich werden
- Stress überwinden

Größeres Lebensziel, (G)
wie zum Beispiel
- ein eigenes Geschäft aufbauen
- freiberuflich arbeiten
- eine Weltreise machen
- den Beruf wechseln

Wenn Ihr Ziel in keine der oben aufgeführten Kategorien so ganz hineinpasst, dann ordnen Sie Ihrem Ziel den Kategorie-Buchstaben zu, der ihm am nächsten kommt. Sie werden in den späteren Kapiteln immer wieder Hinweise auf diese Kategorien finden. Außerdem werden Sie auch feststellen, dass Sie nicht unbedingt alle Übungen machen müssen. Wenn Sie zum Beispiel Ihr gegenwärtiges Ziel noch nie zuvor angestrebt haben, dann können Sie die Seiten des Bu-

ches überspringen, die sich mit der Bewältigung vergangener Misserfolge beschäftigen. Sie werden im Text immer wieder Hinweise darauf erhalten, wenn es Möglichkeiten gibt, Kapitel zu überspringen.
Wenn Sie Ihr erstes Ziel erst einmal erreicht haben und sich das nächste Ziel vornehmen möchten, das vielleicht in eine andere Kategorie fällt, können Sie das Buch wieder von vorne benutzen. Auch aus diesem Grunde ist es sinnvoll, mit Bleistift zu schreiben.
Jetzt aber zurück zum springenden Punkt: Welches Ihrer Ziele wollen Sie sich als Erstes vornehmen? Überlegen Sie in Ruhe.

Denkpause

Wenn Ihnen die Entscheidung schwer fällt, dann helfen Ihnen vielleicht die folgenden Kriterien weiter.

Sie können sich ein bestimmtes Ziel herausgreifen, weil

- Sie jemanden kennen, der Ihnen auf dem Weg zu diesem Ziel helfen kann;
- Sie jemanden kennen, der das gleiche Ziel anstrebt, sodass Sie sich gegenseitig unterstützen können;
- das Ziel schon seit Jahren Ihr größter Wunschtraum ist;
- sich Ihr Leben durch das Erreichen dieses Zieles erheblich verbessern würde;
- Sie sich selber mehr mögen würden, wenn Sie dieses Ziel erst einmal erreicht haben;
- Ihnen dieses Ziel gefühlsmäßig am wichtigsten erscheint.

Übung

Was erwarten Sie sich beim Erreichen Ihres Ziels?
Gehen Sie ruhig noch einmal Ihre Ziel-Liste auf Seite 12 durch und überlegen Sie, welche positiven Konsequenzen sich aus dem Erreichen jedes Zieles ergeben würden.

Wenn ich meine einzelnen Ziele erreichte, hätte das folgende positive Konsequenzen:

Ziel 1: ______________________________

Ziel 2: ______________________________

Ziel 3: ______________________________

Ziel 4: ______________________________

Ziel 5: ______________________________

Ziel 6: ______________________________

Ziel 7: ______________________________

Ziel 8: ______________________________

Bevor Sie sich aber endgültig auf ein bestimmtes Ziel festlegen, sollten Sie kontrollieren, wie realistisch Ihre Ziele sind. Prüfen Sie jetzt jedes einzelne Ihrer Ziele anhand des folgenden Fragebogens.

Realitäts-Check

	Ja	Nein
1. Hat jemand das gleiche Ziel schon vor Ihnen erreicht?	❍	❍
2. Hat Ihnen ein erfolgreicher Mitmensch versichert, dass Sie dieses Ziel erreichen können?	❍	❍
3. Sind Sie persönlich überzeugt, dass Sie dieses Ziel erreichen können?	❍	❍
4. Haben Sie die nötigen Mittel (z. B. Geld, Fähigkeiten), um Ihr Ziel zu erreichen?	❍	❍
5. Wenn Sie im Moment die nötigen Mittel nicht haben, haben Sie dann schon eine Vorstellung davon, wie Sie das fehlende Geld oder die nötigen Fähigkeiten erwerben können?	❍	❍
6. Können Sie Ihr Ziel erreichen, ohne sich dabei auf glückliche Zufälle verlassen zu müssen?	❍	❍
7. Sind Sie für das Erreichen Ihres Zieles weitgehend unabhängig von der Unterstützung durch andere Menschen?	❍	❍
8. Haben Sie in der Vergangenheit schon einmal selbst gesteckte Ziele erreicht?	❍	❍

Zählen Sie jetzt zusammen, wie oft Sie auf eine Frage mit Ja geantwortet haben. Je mehr Punkte Sie haben, desto wahrscheinlicher ist es, dass Sie dieses Ziel auch erreichen. Das heißt allerdings keineswegs, dass Sie Ihr Ziel nicht erreichen werden, wenn Sie zum Beispiel auf alle Fragen mit Nein geantwortet haben. Es reduziert sich dann lediglich die Wahrscheinlichkeit, dass Sie es leicht und schnell bewerkstelligen können.

Ziele, die fast immer zum Scheitern verurteilt sind, sind solche, die sich auf Glück verlassen oder die tatsächlich Unmögliches anstreben. Es ist ganz in Ordnung, wenn Sie Lotto spielen; Ihre finanziellen Zukunftspläne sollten aber nicht auf einem eventuellen Gewinn aufbauen. Es kann auch sein, dass Sie lieber braune statt blaue Augen hätten oder längere Beine und einen zierlicheren Knochenbau. Auf farbige Kontaktlinsen lässt sich ja durchaus sparen, aber die längeren Beine und den günstigeren Knochenbau werden Sie sich leider abschminken müssen! Auch dass sich andere Leute ändern, damit Sie glücklicher werden können, ist leider ein unrealistischer Wunsch. Ihr Ziel kann sich immer nur auf Sie selbst beziehen. In den meisten Fällen ist ein positiveres Verhalten Ihrer Mitmenschen Ihnen gegenüber das Resultat. Wer aber nur dasitzt und darauf wartet, dass sich andere ändern, verschwendet kostbare Zeit und wird am Ende enttäuscht.

Vermeiden Sie also bei der Festlegung Ihres Zieles folgende Fallen:

- Prüfen Sie die Durchführbarkeit Ihres Zieles immer selber. Verlassen Sie sich nie auf Hörensagen.
- Wenn jemand versucht, Sie von Ihrem Vorhaben abzubringen, dann prüfen Sie *immer*, ob diese Person selber erfolgreich ist bzw. etwas von Ihrem Vorhaben versteht.

Erfolglose Leute disqualifizieren sich als Ratgeber; Nicht-Experten ebenso.

- Wählen Sie Ihr Ziel nicht aus, um andere damit neidisch zu machen oder zu beeindrucken, sonst sind Sie am Ende selber der Verlierer.
- Setzen Sie sich keine starre Zeitgrenze für die Erreichung Ihres Zieles. Tun Sie das, dann lassen Sie sich eventuell entmutigen, wenn Sie Ihr Ziel nicht zum geplanten Zeitpunkt erreicht haben.

Jetzt ist der große Moment aber endgültig gekommen. Legen Sie sich auf Ihr Ziel fest:

Ich beginne jetzt damit, an meinem Ziel zu arbeiten.

Mein Ziel lautet wie folgt:

____

Mein Ziel gehört in die Kategorie ________________

Ich freue mich schon auf die positiven Veränderungen, die sich durch mein aktives Streben nach meinem Ziel ergeben.

____

____

____

____

Datum Unterschrift

Wenn Sie Ihr ausgewähltes Ziel noch nie zuvor angegangen sind, dann überspringen Sie bitte die folgenden Seiten und machen Sie mit dem Kapitel »Welche Ressourcen haben Sie?« (S. 32) weiter.
Wenn Sie Ihr ausgewähltes Ziel schon früher einmal vergeblich angestrebt haben, dann lesen Sie hier bitte weiter.

Was hat Sie bis jetzt daran gehindert, Ihr Ziel zu erreichen?

Niemand erlebt gerne einen Misserfolg. Darum fangen auch viele gar nicht erst damit an Pläne zu schmieden und sich Ziele zu stecken, denn wer keine Ambitionen hat, kann sich auch nicht mit Fehlschlägen blamieren.
Misserfolge gehören aber zum Leben dazu und sind gerade erfolgreichen Menschen bestens bekannt. Ein Misserfolg bedeutet keineswegs, dass Sie Ihr Projekt aufgeben sollten; er zeigt lediglich, *dass es im Moment nicht so weitergeht, wie Sie es sich vorgestellt haben.* Viele Menschen sind wegen eines Fehlschlags jedoch so frustriert, dass sie die Flinte ins Korn werfen und sich Vorwürfe machen, dieser »hirnrissigen« Idee überhaupt nachgegangen zu sein.
Wie sieht es denn mit *Ihrem* vorigen Versuch aus, Ihr Ziel zu erreichen?
Gehen Sie einmal den folgenden Fragebogen durch und kreuzen Sie die Gründe an, derentwegen Ihr Projekt Ihrer Meinung nach damals erfolglos blieb.

Wo lag der Hase im Pfeffer?

	Ja	Nein
1. Sie hatten sich nicht gut genug auf Ihr Ziel vorbereitet (z. B. vorab nicht genug Information eingezogen, überstürzt wichtige Entscheidungen getroffen etc.).	❍	❍
2. Sie hatten sich von anderen Leuten Ihr Ziel madig machen lassen.	❍	❍
3. Sie hatten so viel zu tun, dass Sie im Laufe der Zeit Ihr Ziel aus den Augen verloren.	❍	❍
4. Sie waren durch ein wichtiges Ereignis (Umzug, Arbeitslosigkeit, Krankheit, Schwangerschaft etc.) von Ihrem Ziel abgelenkt worden und sind nach der Unterbrechung nicht mehr zu Ihren ursprünglichen Plänen zurückgekehrt.	❍	❍
5. Sie hatten im Laufe der Zeit das Interesse an Ihrem Ziel verloren.	❍	❍
6. Sie hatten eine völlig falsche Vorstellung davon, mit welchem Zeit-/Kraftaufwand das Erreichen Ihres Zieles verbunden sein würde.	❍	❍
7. Sie hatten Ihr Ziel in der Vergangenheit schon ein- oder mehrmals erreicht, aber nach einer Weile kehrten Sie wieder zu den alten Verhaltensmustern zurück.	❍	❍

	Ja	Nein
8. Sie haben immer die besten Vorsätze, aber Ihre Selbstzweifel und negativen Gedanken verhindern immer wieder, dass Sie sich aktiv ans Werk machen.	❍	❍
9. Sie wollten Ihr Ziel zwar erreichen, sahen aber letztlich nicht ein, warum Sie Anstrengungen unternehmen sollten, wenn andere nicht bereit sind, Ihnen zu helfen.	❍	❍
10. Sie wollten Ihr Ziel zwar angehen, sahen aber gar nicht ein, warum Sie sich ändern sollten, wenn es doch andere waren, die das Problem überhaupt erst verursachten.	❍	❍

Welche Umstände oder Einstellungen haben Ihre damaligen Bemühungen sabotiert? – Schauen wir uns doch einmal die einzelnen Probleme genauer an.

Zu Grund 1

Wer wichtige Entscheidungen über das Knie bricht, kann sich selber Steine in den Weg legen.

Christa (58) war Klavierlehrerin und lebte in einer großen Stadt. Sie war unzufrieden mit ihrem Leben, bekam nicht genug Aufträge und wollte unbedingt weg. Als ihr eine Freundin vorschlug, zu ihr auf eine kleine Insel zu ziehen, sagte Christa nach wenigen Tagen zu, obwohl sie die Insel gar nicht kannte. – Der Umzug war teuer, da ihr kostbarer Flügel gesondert transportiert werden musste. Schon nach drei Wochen am neuen Wohnort war Christa in finanziellen Schwierigkeiten, weil es auch hier mit der Arbeit nicht gut aussah.

Fazit: Was Sie an Zeit sparen, wenn Sie schnelle Entscheidungen treffen, müssen Sie später dranhängen, um wieder aus der Klemme herauszukommen.

Lösung: Halten Sie mit einem guten Freund/einer guten Freundin regelmäßig Kriegsrat. Erklären Sie ihm/ihr, was Sie erreichen wollen, und machen Sie mehrere Treffen oder Telefonanrufe aus, bei denen Sie dem Freund/der Freundin genau Bericht erstatten, welche Informationen Sie eingeholt haben. Fordern Sie Ihren Freund/Ihre Freundin dabei ruhig auf, kritische, aber konstruktive Fragen zu stellen und darauf hinzuweisen, wenn noch Informationen fehlen.

Zu Grund 2

Kritik an Ihrem Ziel ist oft gut gemeint – man will Sie vor einer Enttäuschung bewahren, weil man Sie mag. Aber es gibt leider auch Menschen, die ganz einfach missgünstig sind und die es wurmt, wenn Sie etwas schaffen oder haben, das sie selber nicht erreicht haben.

Sylvia (18) wollte endlich abnehmen. Schon seit ihrer Kindheit hatte sie Übergewicht und war deswegen immer wieder von anderen Kindern gehänselt worden. Ihre Mutter, die selber korpulent war, unterstützte Sylvia aber auf keine Weise. Sie tischte auch weiterhin große Mengen Essen auf und reagierte mit Verachtung, wenn sich Sylvia nur eine kleine Portion nahm. »Das schaffst du sowieso nie. Das brauchst du gar nicht erst anzufangen!«, lautete ihr Kommentar. Sylvia hielt zwei Wochen lang durch, bis sie schließlich aufgab.

Fazit: Wer sich öffentlich zu einem Ziel bekennt, findet schnell heraus, wer seine Freunde sind und wer nicht. Lassen Sie sich nicht durch andere von Ihrem Ziel abbringen!

Lösung: Gut gemeinte Kritik sollten Sie sich nur ein einziges Mal anhören. Beim zweiten Mal erklären Sie Ihrem Gegenüber, dass Ihnen diese negativen Kommentare wenig helfen und dass Sie stattdessen lieber positive Unterstützung hätten. Den gehässigen Kritikern erzählen Sie am besten erst gar nicht von Ihren Plänen. Sylvia antwortete auf die Kritik ihrer Mutter beim zweiten Anlauf mit den Worten: »Du könntest ruhig mitmachen. Du hast schließlich auch ein paar Kilo zu viel drauf!«

Zu Grund 3

Wer gerne viel arbeitet, bürdet sich manchmal zu viel auf. Wenn viel zu tun ist, kann ein weiteres Projekt nur dann gelingen, wenn etwas Unwichtigeres aufgegeben wird.

Klaus (36) hatte sich beim Skifahren ein Bein gebrochen. Er war verärgert, weil er nach dem Urlaub nicht sofort wieder ins Büro konnte, wo eine Menge Arbeit auf ihn wartete. Er wollte sich auf eine wichtige Sitzung vorbereiten, in der er hoffte, sich vor den Geschäftsinhabern profilieren zu können. Gegen den Rat seines Arztes schonte er das gebrochene Bein nicht, sondern kehrte gleich nach dem Urlaub an seine Arbeitsstelle zurück. Das führte dazu, dass es Komplikationen mit dem Bruch gab und er wieder ins Krankenhaus zurück musste. Die Sitzung verpasste er.

Fazit: Gesundheit muß *immer* an erster Stelle stehen, gleichgültig, wie wichtig Ihnen die berufliche Verpflichtung erscheint. Ohne Gesundheit fallen all Ihre Ziele ins Wasser.

Lösung: Setzen Sie neue Prioritäten. Wenn Sie die Verfolgung Ihres Zieles krank macht, dann brauchen Sie Ihr Ziel zwar nicht aufzugeben, aber Sie müssen es umformulieren, sodass Ihr Körper mithalten kann.

Zu Grund 4

Manchmal macht einem das Leben unerwartet einen Strich durch die Rechnung. Dadurch können sich Pläne verschieben, aber aufgeschoben ist nicht aufgehoben!

Ute (34) hatte sich bei einem Single-Klub eingeschrieben, um endlich den richtigen Partner zu finden. Doch ein paar Wochen später wurde ihr verwitweter Vater sehr krank, sodass sie ihre Abende bei ihm im Krankenhaus verbrachte. Auch, als der Vater wieder zu Hause war, kümmerte sie sich regelmäßig um ihn. Wenn sie mitunter ans Ausgehen dachte, hatte sie ein schlechtes Gewissen und verwarf die Idee sofort wieder.

Fazit: In einer Notlage muss sofort geholfen werden. Wenn die akute Situation aber erst einmal vorbei ist, darf man ruhig wieder an sich selber denken.

Lösung: Ein guter Kompromiss ist oft der einfachste Weg nach vorne. Ute könnte mit Nachbarn, Verwandten oder Bekannten vereinbaren, dass diese ein- oder zweimal in der Woche nach dem Vater schauen, sodass Ute abends auch einmal ausgehen kann.

Zu Grund 5

Die Frage ist hier: Wie wichtig war Ihnen Ihr Ziel wirklich? Oder war es Ihr Durchhaltevermögen, das Sie im Stich gelassen hat?

Dieter (42) möchte sich gerne mehr bewegen, um abzuspecken und besser in Form zu sein. Er beschließt, jeden Tag eine halbe Stunde Fahrrad zu fahren. Leider ist das Wetter nicht immer ideal, und so manches Mal gewinnt der Fernseher, obwohl sich Dieter immer sehr wohl fühlt, wenn er von seiner Radtour zurückkommt. – Nach ein paar Wochen legt Dieter seinen Fitnessplan zu den Akten.

Fazit: Einfache Ideen sind gut, aber man sollte den einen oder anderen Ersatzplan für Notfälle parat haben.

Lösung: Wenn Sie wissen, dass Sie bei Schwierigkeiten schnell einen Rückzieher machen, dann planen Sie das vorher ein. Dieter verabredete sich mit Arbeitskollegen einmal in der Woche zum Hallenhandball und erkundigte sich auch nach den Öffnungszeiten des Schwimmbades. Auf diese Weise hatte er Abwechslung und konnte sich unabhängig vom Wetter körperlich bewegen.

Zu Grund 6

Trotz guter Vorbereitung kann sich herausstellen, dass der Zeit- oder Energieaufwand zur Erreichung eines Zieles größer ist, als man zunächst meinte.

Christine (27) wollte in ihrem Beruf Karriere machen und brauchte dafür einen Universitätsabschluss. Sie meldete sich deshalb nach längerem Überlegen zu einem Fernstudium an. Schon schnell merkte sie aber, wie schwer es ihr fiel, sich nach der Arbeit hinzusetzen und zu lernen. Es fehlte ihr dabei keineswegs an Motivation, sondern vielmehr an Energie. Ihre Arbeit im Büro war anstrengend, und abends war nur noch wenig Kraft vorhanden, sich auf Neues zu konzentrieren.

Fazit: Manche Probleme kann man nicht voraussehen. Je besser man sich selber kennt, desto unwahrscheinlicher ist es allerdings, dass man seine eigenen Kräfte zu sehr unter- oder überschätzt.

Lösung: Trotz einer anfänglichen Fehlkalkulation kann das Projekt noch immer gerettet werden. Statt während der Woche für das Studium zu arbeiten, muss das Lernen vielleicht auf einen Teil des Wochenendes geschoben werden. Man kann auch versuchen, mit dem Arbeitgeber flexiblere Arbeitszeiten zu vereinbaren, und zum Beispiel drei Tage länger arbeiten und dafür zwei Tage kürzer. So kann man sich an den Abenden dem Studium widmen, an denen man weniger müde ist.

Zu Grund 7

Ein typisches Problem für Menschen, die mit schlechten Angewohnheiten zu kämpfen haben: Der Raucher fängt nach Zeiten der Abstinenz doch wieder an, die schlanke Rohköstlerin erliegt wieder der Cremetorte und der Hektiker vergisst seine Entspannungsübungen.

Sebastian (23) war ein fahriger Mensch. Als ihm seine Nervosität selber auf die Nerven ging, begann er mit autogenem Training, was ihm außerordentlich gut bekam – er wurde ru-

higer und konnte sich besser konzentrieren. Doch nach sechs Monaten fing er wieder an, seine Entspannungsübungen zugunsten der Arbeit zu vernachlässigen. Die Konzentration ließ nach und er war schon bald wieder so nervös wie zuvor.

Fazit: Nur, weil wir wissen, was uns gut tut, heißt das noch lange nicht, dass wir konsequent alles daransetzen, um uns diesen angenehmen Zustand zu erhalten.

Lösung: So bald wie möglich wieder anfangen, das Richtige zu tun, diesmal vielleicht mit dem Ziel, länger als beim letzten Mal durchzuhalten. Es ist nutzlos, sich innerlich selber zu beschimpfen, denn Selbstkritik erzeugt Stress, und wer gestresst ist, raucht mehr, isst zu viel und wird nervöser.

Zu Grund 8

Eigensabotage ist die gründlichste Sabotage. Niemand könnte Sie besser von Ihrem eigenen Ziel abbringen!

Sabine (31) hatte eine Kollegin, die gerne unangenehme Arbeiten auf andere abwälzte. Sie hätte sehr gerne einmal nein zu ihr gesagt, aber jedes Mal, wenn sie es sich vornahm, wurde sie auf einmal unsicher. Was wäre, wenn die Kollegin sie wegen der Absage nicht mehr mögen würde? Und sollte sie, Sabine, nicht einfach toleranter sein? – Während Sabine weiterhin schwieg, wurde sie innerlich immer ungehaltener über die rücksichtslose Kollegin, die sich immer mehr Freiheiten auf Kosten Sabines herausnahm.

Fazit: Wer sich auf der Seele herumtrampeln lässt, ist nicht tolerant, sondern rücksichtlos sich selbst gegenüber.

Lösung: Vergessen Sie alle anderen Ziele und arbeiten Sie vorrangig daran, Ihr Selbstvertrauen und Selbstwertgefühl aufzubauen. Haben Sie das erst einmal erreicht, dann entfallen viele Probleme, die Sie zur Zeit haben, ganz von selber.

Zu Grund 9

Sein eigenes Wohlergehen und die persönliche Fortentwicklung von der Hilfe anderer abhängig zu machen ist auch eine Form der Eigensabotage.

Annettes (14) Schulleistungen waren schlecht und es bestand die Gefahr, dass sie sitzen blieb, wenn sie mit ihren Leistungen nicht aufholte. Annettes Eltern hatten selber beide nur den Hauptschulabschluss und konnten ihr bei den Schularbeiten nicht helfen. Geld für Nachhilfestunden war nicht vorhanden. Annette hätte die Gelegenheit gehabt, sich von einer Schulkameradin helfen zu lassen, die es ihr angeboten hatte. Doch das wollte sie nicht. Sie war der Meinung, ihre Eltern sollten ihr richtigen Nachhilfeunterricht bezahlen.

Fazit: Es sollte immer wichtiger sein, das eigene Ziel zu erreichen, anstatt auf eine ganz bestimmte Lösung zu beharren. Flexibilität gewinnt eher als Sturheit.

Lösung: Annettes Beispiel trifft auch auf viele Erwachsene zu. Ihnen ist es wichtiger, Recht zu haben, als ihr Ziel zu erreichen. Wenn Ihnen dieses Problem ebenfalls vertraut ist, dann stellen Sie schon bei den Vorbereitungsarbeiten sicher, dass Sie verschiedene Ansätze zu Ihrem Ziel durchdenken, notfalls mit Hilfe von Freunden.

Zu Grund 10

Auch mit dieser Einstellung setzen Sie sich selber schachmatt. Sie können andere nicht ändern, nur sich selber.

Martha (39) war oft böse auf ihren Mann, weil er sich nicht genug um sie kümmerte. Wenn er sie ihrer Meinung nach ignoriert hatte, dann schmollte sie tagelang, ohne aber auf seine Fragen, was denn sei, eine klare Antwort zu geben. Stattdessen knallte sie mit den Türen und zog sich ins Schlafzimmer zurück. Sie fand es allerhand, dass ihr Mann nicht verstand, was er falsch gemacht hatte, da es ihr selber doch so offensichtlich war. Sie weigerte sich, mit ihm über das Problem zu sprechen, das schließlich er verursacht hatte. Sie wartete auf eine Entschuldigung und Wiedergutmachung von ihm, die aber nicht kam.

Fazit: Andere Leute können unsere Gedanken nicht lesen und wissen darum nicht, was wir wollen oder was uns stört.

Lösung: Wenn wir eine bessere zwischenmenschliche Beziehung mit jemandem anstreben, dann müssen wir uns diesem Menschen auch mitteilen. Das ist zwar unangenehm, aber wenn wir aus einer Sackgasse herauswollen, kommen wir um ein Gespräch nicht herum, egal, wer das Problem verursacht hat.

Übung

Was ist schief gegangen?

Wie sieht es in Ihrem speziellen Fall aus? Erkennen Sie sich in einem der oben aufgeführten Fälle wieder? Bitte schreiben Sie jetzt genau auf, was beim letzten Versuch schief gegangen ist und woran es lag.

Bei dem letzten Versuch, mein Ziel zu erreichen, ging Folgendes schief:

____

____

____

Meiner Meinung habe ich damals Folgendes falsch gemacht / übersehen / nicht richtig angepackt:

____

____

____

Wenn ich jetzt einen neuen Versuch starte, mein Ziel zu erreichen, mache ich Folgendes anders:

____

____

____

Welche Ressourcen haben Sie?

Bevor wir uns im zweiten Teil dieses Arbeitsbuches den Methoden des Positiven Denkens zuwenden, sollen Sie nun herausfinden, welche Stärken und Begabungen Sie jetzt schon besitzen. Die Nutzung schon vorhandener Stärken wird oft sträflich vernachlässigt – unser Fokus ist meist mehr auf unsere Schwachpunkte gerichtet und auf das, was wir nicht können. Darum fällt es auch vielen schwer, schnell und sicher eine Liste der Eigenschaften zu erstellen, die sie an sich selber mögen. Können Sie es?

Übung

Eigenschaften, die ich an mir selber mag

Notieren Sie hier fünf Eigenschaften, die Sie an sich mögen:

1. ______________________________

2. ______________________________

3. ______________________________

4. ______________________________

5. ______________________________

Es gilt leider noch immer als unbescheiden, seine eigenen Stärken anzuerkennen, geschweige denn, über sie zu reden! Wer sein Licht unter den Scheffel stellt, wird gelobt; wer dagegen etwas auf sich hält, gilt als eingebildet.
Wenn Sie es leicht fanden, fünf Eigenschaften zu finden, auf die Sie stolz sind, dann können Sie die nächsten Seiten überspringen und mit der Übung auf Seite 39 weitermachen. Für alle diejenigen, die nur eine oder zwei lobenswerte Eigenschaften an sich entdecken konnten (und vielleicht immer noch nicht sicher sind, ob sie dieses Lob auch verdienen), geht es jetzt erst noch mit einer Zwischenübung weiter.
Manchmal sind wir uns nicht ganz sicher, ob eine unserer Eigenschaften eine Stärke oder eine Schwäche ist. Das ist auch kein Wunder, denn alles im Leben hat zwei Seiten. Was Ihre Freunde »zielstrebig« nennen, werden Ihre Feinde mit »dickköpfig« titulieren. So ist Hartnäckigkeit eine durchaus positive Eigenschaft, wenn Ihnen eine Behörde unrechtmäßig einen Service vorenthält und Sie nicht ruhen, bis Sie zu Ihrem Recht gekommen sind. Machen Sie dagegen jede Nacht Musik und hören auch bei Protesten aus der Nachbarschaft nicht damit auf, dann ist Ihre Hartnäckigkeit negativ.

Schauen Sie sich doch einmal die folgende Liste der Eigenschaften an, die wir im passenden Kontext als positiv bezeichnen können. Kreisen Sie die Eigenschaften ein, die auf Sie zutreffen. Sie dürfen diese Liste auch gerne ergänzen, wenn Ihrer Meinung nach eine gute Eigenschaft ausgelassen ist, die Sie besitzen.

aufgeschlossen	gastfreundlich
	geduldig
ehrlich	gerecht
einfallsreich	großzügig
einfühlsam	
	hartnäckig
fleißig	hilfsbereit
flexibel	höflich
freigebig	humorvoll
freundlich	
fröhlich	interessiert an anderen
kinderlieb	sachlich
klug	selbstbewusst
kompromissbereit	sorgfältig
lernwillig	tolerant
liebevoll	treu
loyal	
	vernünftig
mutig	versöhnlich
	verständnisvoll
nächstenliebend	
	würdevoll
offen	
	zielstrebig
rücksichtsvoll	zuverlässig

Wenn Sie sich einmal anschauen, welche Begriffe Sie markiert haben, dann können Sie nun hoffentlich die Leerzeilen in der Übung »Eigenschaften, die ich an mir selber mag« auf Seite 32 ausfüllen.
Noch immer Schwierigkeiten? Dann fragen Sie doch einfach einen guten Freund oder eine gute Freundin, was er/sie an Ihnen mag, und füllen Sie damit Ihre fünf Punkte auf.
Um Ihren Aussagen über die eigenen Stärken noch mehr Gewicht zu geben, schreiben Sie jetzt noch jeweils zwei Beispiele aus dem täglichen Leben auf, in denen Sie jede Ihrer fünf Stärken bewiesen haben. Dabei ist es egal, wie lange das Ereignis zurückliegt.

Stärke: Ich bin hilfsbereit.

Beispiel 1: Als meine Nachbarin krank war, bin ich für sie einkaufen gegangen.

Beispiel 2: Als mein Neffe mit einer Hausaufgabe nicht klarkam, habe ich mich mit ihm hingesetzt und sie ihm erklärt, bis er sie verstanden hatte.

So, und jetzt sind Sie wieder dran:

1. Stärke
Beispiel 1:

____

____

____

Beispiel 2:

2. Stärke
Beispiel 1:

Beispiel 2:

3. Stärke
Beispiel 1:

Beispiel 2:

4. Stärke
Beispiel 1:

Beispiel 2:

____

____

5. Stärke
Beispiel 1:

____

____

Beispiel 2:

____

____

HAUSAUFGABE

1. Schreiben Sie Ihre Stärken auf einen Zettel, und zwar als ganzen Satz: »Ich bin ein freundlicher Mensch!«, »Ich bin ein humorvoller Mensch!« etc.
2. Tragen Sie diesen Zettel vier Wochen lang immer bei sich und lesen Sie ihn dreimal täglich, am besten morgens nach dem Aufstehen, tagsüber, wenn Sie eine Pause machen und abends, bevor Sie ins Bett gehen.
3. Sobald Sie Ihre Stärken auswendig wissen, sagen Sie sie sich mit geschlossenen Augen und mit Betonung im Geiste auf.

Und wenn Sie jetzt unzufrieden brummeln, dass es Ihnen nichts hilft, kinderlieb zu sein, wenn Sie zehn Kilo abneh-

men wollen, dann haben Sie ganz Recht. Ihr Durchhaltevermögen hat Sie vielleicht beim letzten Abspeck-Versuch im Stich gelassen und Sie möchten jetzt am liebsten einmal eine Liste all Ihrer Schwächen machen, weil Sie das für realistischer halten. Aber was bringt das? Die Negativ-Liste würde es Ihnen nur schwerer machen, einen weiteren Versuch zu starten, denn Negativ-Listen sind deprimierend und nicht konstruktiv.
Stattdessen schreiben Sie sich lieber noch einen Extra-Satz zu Ihrer Liste mit den Stärken dazu:

»Ich bin lernwillig.«

Sie haben in der Vergangenheit etwas falsch gemacht, sodass Sie nicht durchhalten konnten. Sie sind jetzt willens, einen neuen Ansatz auszuprobieren, der es Ihnen ermöglicht, Ihr Ziel zu erreichen. Dazu brauchen Sie kein Abitur, keinen hohen Intelligenzquotienten und keine spezielle Begabung. Sie brauchen lediglich die Bereitschaft, etwas Neues zu lernen. Wenn Sie etwas nicht können, dann müssen Sie es eben lernen, und das ist meistens einfacher, als man meint.

Wie reden Sie mit sich selber?

Nachdem Sie jetzt etwas mehr über Ihre Stärken herausgefunden haben, müssen wir als Nächstes herausfinden, wie Sie mit sich selber umgehen. Meistens sind wir uns nämlich nicht bewusst, was wir im Laufe eines Tages so alles denken – wir achten nicht darauf. Wir sind uns allerdings sehr bewusst, wie wir uns *fühlen* und wie wir auf unsere Gedanken *reagieren*, denn Gedanken bleiben nie ohne Folgen. Das können Sie sich jetzt gleich selber mit den folgenden beiden Übungen beweisen.

Übung

Die Negativ-Übung

1. Setzen Sie sich einen Moment hin und schließen Sie die Augen.
2. Konzentrieren Sie sich in Gedanken auf eine Situation, die Sie nicht mögen oder fürchten, zum Beispiel beim Zahnarzt im Stuhl zu sitzen, wenn der Bohrer summt, oder mit einem schwierigen Kunden oder Nachbarn umgehen zu müssen.
3. Denken Sie ein bis zwei Minuten ganz intensiv an diese Situation. Dann machen Sie die Augen wieder auf.

Wie fühlen Sie sich jetzt seelisch?

____

____

Wie hat sich Ihre Atmung verändert?

____

____

Wie fühlt sich Ihre Bauchgegend jetzt an?

____

____

Stellen Sie noch andere körperliche Veränderungen fest, die Ihnen zeigen, dass Sie sich unwohl bei diesem negativen Gedanken fühlen?

____

____

____

Bitte lassen Sie ein paar Minuten vergehen, bevor Sie die nächste Übung machen.

Übung

Die Positiv-Übung

1. Setzen Sie sich wieder einen Moment lang hin und schließen Sie die Augen.
2. Denken Sie jetzt an eine Situation, in der Sie sich wohl fühlen, zum Beispiel einen schönen Urlaub oder ein Hobby, dem Sie gerne nachgehen.
3. Denken Sie ein bis zwei Minuten ganz intensiv an diese schöne Situation. Dann machen Sie die Augen wieder auf.

Wie fühlen Sie sich jetzt seelisch?

____

____

____

Wie ist Ihre Atmung?

____

____

____

Wie fühlt sich Ihre Bauchgegend jetzt an?

____

____

____

Stellen Sie noch andere körperliche Veränderungen fest, die Ihnen zeigen, dass Sie sich bei diesem positiven Gedanken wohl fühlen?

____

____

____

Sie sollten einen klaren Unterschied in Ihren Körperreaktionen festgestellt haben, je nachdem, ob Sie an die negative oder die positive Situation gedacht haben.

TIPPS

- Wenn Sie Schwierigkeiten hatten, in den beiden Übungen körperliche Reaktionen festzustellen, dann kann es sein, dass Sie ein zu schwaches negatives oder positives Beispiel gewählt haben. Wenn Sie beispielsweise an jemanden gedacht haben, den Sie zwar nicht besonders leiden können, aber seit Jahren nicht mehr gesehen haben, dann werden Sie wahrscheinlich auf diesen Gedanken eher lauwarm reagieren, als wenn Sie an jemanden denken, mit dem Sie erst gestern gestritten haben.

- Wenn Ihnen keine Situation aus der Wirklichkeit einfällt, dann erfinden Sie einfach eine! Stellen Sie sich eine äußerst peinliche Situation vor oder einen ganz tollen Traumurlaub, und Sie werden merken, wie Ihr Körper reagiert, obwohl Sie nur Ihre Fantasie spielen lassen.

Sie haben jetzt gerade ausprobiert, wie sich Ihre Gedanken auf Ihre Gefühle und Ihren Körper auswirken. Als Nächstes sollen Sie eine Weile beobachten, wie Sie in Gedanken mit sich selber sprechen.

Unsere Gedanken schwirren uns normalerweise ungehindert durch den Kopf, ohne dass wir ihnen besondere Beachtung schenkten. Denken ist bis auf ganz wenige Ausnahmen ein unbewusster Prozess, von dem wir glauben, er sei nicht beeinflussbar. »Ich kann abends oft nicht einschlafen, weil ich mir so viel Sorgen mache«, oder »Mir geht dauernd der Krach mit meiner Schwester durch den Kopf« sind typische Bemerkungen von Menschen, die sich von unangenehmen Gedanken verfolgt fühlen.

Unsere Gedanken sind geprägt von unseren bisherigen Erfahrungen und der daraus gewonnenen Lebenseinstellung. Je nachdem, ob diese Gedanken positiv oder negativ, zuversichtlich oder ablehnend sind, richtet sich dann unsere Handlungsweise aus. Je konstruktiver unsere Gedanken, desto konstruktiver unsere Reaktionen und Handlungsweisen. Umso wahrscheinlicher ist es dann auch, dass wir gute Resultate erzielen. Aus diesem Grunde ist es wichtig, einmal hinzuhören, was man täglich denkt.

Übung

Prüfen Sie Ihre Gedanken
Überprüfen Sie drei Tage lang, immer wenn Sie daran denken, was Ihnen so durch den Kopf geht.
Sind es hauptsächlich positive oder negative Gedanken? Kehren bestimmte Gedanken immer wieder? Wenn ja, wie lauten sie?
Notieren Sie im Folgenden, was sich in Ihrem Kopf tut.

Tag 1:

Tag 2:

Tag 3:

____

____

____

____

____

____

Vielleicht sind Sie nach dieser Übung ein bisschen entsetzt, was alles in Ihrem Kopf herumspukt. Negatives Denken kann manchmal so automatisch erfolgen, dass wir uns gar nicht mehr bewusst sind, das es überhaupt passiert. Lassen Sie sich aber durch diese Tatsache nicht aus dem Konzept bringen. Im nächsten Teil des Buches lernen Sie, wie Sie sich negativer Gedanken entledigen und wie Sie sie durch positive ersetzen können.

Das Erfolgs-Programm

Nachdem wir Grundsätzliches geklärt haben, können Sie endlich zur Tat schreiten: Ihr klar definiertes Ziel soll jetzt für Sie wahr werden!
Während Sie sich mit den folgenden Übungen beschäftigen, können Sie schon mit praktischen Vorbereitungen für Ihr Ziel

anfangen. Wenn Sie abnehmen wollen, suchen Sie sich eine Diät aus. Wenn Sie in Ihrem Beruf Karriere machen wollen, sammeln Sie Informationen über Weiterbildungsmöglichkeiten. Wenn Sie von einer Krankheit genesen wollen, dann lassen Sie sich die inneren Abläufe erklären, von denen Ihr Krankheitsbild geprägt wird.
Nicht jedes Ziel erfordert derartige Vorbereitung, aber nehmen Sie sich auf jeden Fall jetzt die Zeit zu überlegen, ob gewisse Vorarbeiten für Ihre Zielsetzung von Nutzen sind.

Denkpause

Wenn Sie nichts vorbereiten können, können Sie die nächsten Zeilen überspringen.

Mein Ziel lautet wie folgt:

____

Mein Ziel gehört in die Kategorie __.

Ich kann jetzt schon folgende Vorbereitungen treffen:

1. ____ ❍

2. ____ ❍

3. ____ ❍

Bitte kreuzen Sie den nebenstehenden Kreis an, sobald Sie die Aufgabe erledigt haben.

In den nächsten Kapiteln finden Sie immer wieder Hinweise darauf, welche Übungen oder Fragebögen sich nur auf ganz bestimmte Problembereiche beziehen. Das ermöglicht Ihnen, schnell zu erkennen, welche Textteile für Sie relevant sind und welche Sie auslassen können.
Sobald Sie den zweiten Teil bearbeitet haben, können Sie mit den Eintragungen im Erfolgs-Tagebuch ab Seite 111 anfangen.

Mit Gefühlen in Verbindung treten

HINWEIS
Dieses Kapitel bezieht sich auf alle Ziel-Kategorien und sollte von allen Lesern bearbeitet werden.
Wenden Sie nun die Grundlagen des Positiven Denkens ganz konkret auf Ihr Ziel an. Sie werden Ihnen in den nächsten Kapiteln ausführlich vermittelt. Diejenigen Leser, die mein Buch »Positives Denken« bereits kennen, sollten dennoch keine Textpassagen überspringen, wenn es nicht ausdrücklich angegeben ist. Auch sie können im Folgenden ihr Wissen vertiefen und die Techniken trainieren.
Wenn Sie etwas in Ihrem Leben verändern, dann wird dieser Prozess oft von ganz verschiedenen Gefühlen begleitet. Die meisten Menschen hätten es gerne, wenn sie sich auf dem Weg zum Ziel durchweg motiviert und fröhlich fühlen würden – schließlich sind sie jetzt im Begriff, ihr Leben zu verbessern! Die Realität sieht leider nicht immer so aus, und wenn die Motivation und Entschlusskraft nicht anhält, lassen sich viele nur allzuschnell von ihrem Vorhaben abbringen.
Oft messen wir unseren Gefühlen nicht die ihnen gebührende

Bedeutung bei. Wir verlassen uns stattdessen lieber auf unseren Verstand, der uns durch Logik und Willenskraft zum Ziel verhelfen soll. Und doch werden wir hauptsächlich von unseren Gefühlen gelenkt. Gefühle sind ein Teil unseres Unterbewusstseins. Wenn Gefühle und Verstand im Widerstreit stehen, gewinnen immer die Gefühle. Je nachdem, ob die Gefühle positiv oder negativ sind, fällt dann auch das Ergebnis unserer Bemühungen positiv oder negativ aus.

Jochen (21) war Student an einer Fachhochschule. Das Studium lief gut, nur sein Sozialleben ließ zu wünschen übrig. Er war schüchtern und hatte nicht den Mut, sich seinen Kommilitonen anzuschließen, wenn diese in einer Gruppe zusammen standen. Dadurch fühlte er sich oft isoliert und einsam. Seine Logik sagte ihm zwar, dass er sich ruhig dazustellen könne und einfach nur »hallo« zu sagen brauchte, aber seine Gefühle sprachen dagegen. Er hatte Angst, nicht akzeptiert zu werden. Sein Unterbewusstsein schützte ihn davor, verletzt zu werden, und erlaubte es ihm deswegen nicht, sich den anderen anzuschließen.

Gefühle bestimmen also oft unser Verhalten. Wenn wir das Richtige tun wollen, können uns Gefühle der Angst oder des Zweifels davon abhalten. Wenn wir endlich das Falsche lassen wollen, können uns Bedürfnisse nach Schutz oder Trost einen Strich durch die Rechnung machen, denn schlechte Angewohnheiten haben oft die Erfüllung eines emotionalen Bedürfnisses als Ursache.

Simone (35) möchte gerne mit dem Nägelkauen aufhören. Ihr Verstand sagt ihr, dass ihre Ringe an Fingern mit schön geformten Nägeln viel besser aussehen würden, und doch kann sie sich nicht bremsen, wenn sie bei der Arbeit Stress hat.

Das Nägelkauen ist für sie eine Art Dampf abzulassen, und das Beißen der Nägel wird zu einer Möglichkeit, Gefühle der Frustration und Angst auszuleben. Der Verstand sagt nein, die Gefühle sagen ja. Die Gefühle gewinnen und Simone kaut weiter, obwohl sie es eigentlich bleiben lassen will.

Als Kinder haben wir ein großes Repertoire an Gefühlen und drücken diese auch noch ganz ungehemmt aus. Im Laufe der Jahre werden uns dann viele dieser Gefühle »aberzogen«, besonders die negativen. Wir sollen unseren Ärger nicht zeigen, dürfen nicht neidisch oder eifersüchtig sind, dürfen nicht mehr laut sagen, was wir denken, und sollen uns auch sonst nicht egoistisch verhalten. Wir lernen also, bestimmte Gefühle zu unterdrücken, die dadurch aber keineswegs verschwinden, sondern vielmehr in den Untergrund getrieben werden, von wo aus sie dann unsere Pläne sabotieren können.
Gefühle sind etwas Spontanes und haben nichts mit Verstand oder Logik zu tun. Im Laufe unserer Kindheit und Jugendzeit kann es aber durchaus passieren, dass bestimmte Gefühle im Unterbewusstsein mit gewissen Situationen assoziiert werden.

Die elfjährige Margit kommt ins Gymnasium, wo sie sich eigentlich ganz wohl fühlt und auch im Unterricht gut mitkommt. Das einzige Fach, das ihr Schwierigkeiten bereitet, ist Mathematik. In der Volksschule hatte sie keine Probleme mit dem Rechnen, aber jetzt wird alles auf einmal viel komplizierter. Langsam verliert sie den Anschluss im Mathematikunterricht. Ihre Eltern aber sind streng. Als die erste Klassenarbeit danebengeht, hat Margit große Angst, zu Hause davon zu erzählen. Als sie es schließlich doch tut, gibt es tatsächlich ein großes Donnerwetter. Margit entwickelt dadurch eine Angst vor Klassenarbeiten, da ihr Unterbewusstsein jetzt schulische

Leistungen mit Gefühlen der Angst und des Versagens in Verbindung bringt.

Die Verknüpfung eines bestimmten Gefühls mit einer bestimmten Situation kann leicht zu einem Muster werden, das auch Jahre nach dem ursprünglichen Ereignis noch greift. Es kann also passieren, dass Margit später im Leben immer wieder mit Angst reagiert, wenn sie sich einer Prüfungssituation gegenübergestellt sieht, sei es an der Universität, in der Lehre oder bei einem Vorstellungsgespräch. Vielleicht hat sie dann das ursprüngliche Ereignis schon längst vergessen – dennoch läuft ihr Verhalten noch jahrzehntelang nach dem immer gleichen Muster ab.

Übung

Verhaltensmuster erkennen

Geht es Ihnen vielleicht genauso, wenn Sie an Ihr Ziel denken?

1. Setzen oder legen Sie sich bequem hin und schließen Sie die Augen.
2. Denken Sie an Ihr Ziel und achten Sie darauf, wie Sie sich dabei fühlen.

Wenn Sie ein positives Gefühl hatten, dann können Sie den Rest dieses Kapitels überspringen. Hatten Sie dagegen ein negatives Gefühl, dann lesen Sie hier bitte weiter.
Es ist möglich, dass Ihrem unguten Gefühl ein negatives Gefühlsmuster zugrunde liegt, dessen Ursprung in Ihrer Vergangenheit liegt. Um dieses Muster auflösen zu können, sollten Sie sich selber zunächst folgende Fragen beantworten:

1. Was für ein negatives Gefühl ist es, das Sie beim Gedanken an Ihr Ziel verspüren? Beschreiben Sie das Gefühl so genau wie möglich:

2. Welche Person/en hat/haben Ihnen beigebracht, sich im Zusammenhang mit
   a) neuen Projekten oder
   b) eigenverantwortlichem Handeln oder
   c) dem Streben nach der Erfüllung eigener Wünsche
   schlecht zu fühlen?

Versuchen Sie, sich daran zu erinnern, und notieren Sie diese Erinnerungen so genau wie möglich:

3. Wenn Sie Ihr schlechtes Gefühl nicht bei einer Person, sondern in einer Situation gelernt haben, dann schreiben Sie auch hierzu wieder Ihre Erinnerungen detailliert auf.

Bernd war als Kind beim Spielen in einen Schacht gefallen. Obwohl ihn seine Eltern nach der Rettung liebevoll getröstet und umsorgt hatten, verband er seither eigenständiges Handeln mit dem Gefühl von Angst.

Lösungsansatz zu Frage 2

Wenn Sie Beispiele aus der Vergangenheit gefunden haben, dann machen Sie sich klar, dass Sie durch diese/s Erlebnis/se die *Überzeugung einer anderen Person* übernommen haben.

Ihre Mutter ist der Überzeugung, dass eigenständiges Handeln gefährlich sei. Sie selber hat kein Selbstvertrauen und traut sich nichts zu. Entsprechend bestraft sie Sie als Kind jedes Mal, wenn Sie Ansätze zu eigenständigem Handeln zeigen. Ihre Mutter meint es gut – sie möchte nicht, dass Ihnen etwas Schlimmes passiert. Gleichzeitig hindert sie Sie dadurch aber auch, gesundes Selbstbewusstsein aufzubauen. Als Konsequenz haben Sie heute als Erwachsener Angst, selbstständig etwas zu unternehmen. Sie haben die Überzeugung Ihrer Mutter übernommen.

Die Überzeugung, dass eigenständiges Handeln gefährlich sei, ist also gar nicht Ihre eigene. Sie dürfen sie daher ruhig an die Person zurückgeben, von der Sie sie ursprünglich zugeteilt bekamen. Dabei spielt es keine Rolle, ob die Person noch lebt oder nicht. Die folgende Übung wird Ihnen dabei helfen.

Übung

Negative Gefühle zurückgeben

1. Setzen Sie sich bequem hin und schließen Sie die Augen.
2. Denken Sie noch einmal an eine typische Situation, in der Ihnen von jemand anderem ein schlechtes Gefühl vermittelt wurde.
3. Stellen Sie sich dabei vor, wie Ihnen diese andere Person eine Schärpe umhängt, auf der das schlechte Gefühl aufgedruckt ist (zum Beispiel »Schuld«, »Angst«, »Minderwertigkeitsgefühl« oder Ähnliches).
4. Stellen Sie sich jetzt vor, wie Sie die Schärpe abstreifen und sie an die Person zurückreichen, die sie Ihnen gegeben hat. Denken Sie dabei: »Du hast ein Recht auf deine Überzeugungen und ich habe ein Recht auf meine. Ich gebe dir darum deine wieder zurück, damit ich mir meine eigenen bilden kann.«

5. Überlegen Sie, welche Überzeugung Sie im Zusammenhang mit Ihrem Ziel lieber vertreten möchten und hängen Sie sich selber eine neue Schärpe um, auf der jetzt ein positives Gefühl aufgedruckt ist, zum Beispiel »Mut«, »Gewissheit«, »Selbstwert« oder Ähnliches.
6. Prüfen Sie jetzt, wie sich Ihr Gefühl Ihrem Ziel gegenüber positiv verändert, wenn Sie Ihre neue Schärpe tragen.
7. Öffnen Sie die Augen wieder.

Wiederholen Sie diese Übung jedes Mal, wenn die alten negativen Gefühle wieder auftauchen, bis sie schließlich ganz wegbleiben.

Lösungsansatz zu Frage 3

Wenn Sie zu Frage 3 Beispiele aus der Vergangenheit gefunden haben, dann machen Sie sich klar, dass es Ihnen freisteht, aus diesem Erlebnis eine neue Schlussfolgerung zu ziehen. Es gibt kein Gesetz, das besagt, dass es für traumatische Erlebnisse nur eine einzige gefühlsmäßige Reaktion geben darf.

Der Schauspieler Christopher Reeve (»Superman«) hatte vor einigen Jahren einen Reitunfall, bei dem er sich eine Querschnittlähmung zuzog. Er hatte die Wahl: entweder aufgeben und dahinvegetieren oder das Beste daraus machen. Er entschied sich für Letzteres und arbeitet jetzt vom Rollstuhl aus als Regisseur.

Geschehenes kann nicht ungeschehen gemacht werden. Wir können aber durchaus ändern, welche Gefühle wir dem Geschehenen entgegenbringen. – Machen Sie hierzu die folgende Übung.

Übung

Die Bildschirm-Übung

1. Setzen Sie sich bequem hin und schließen Sie die Augen.
2. Erinnern Sie sich noch einmal an den Vorfall in allen Einzelheiten.
3. Projizieren Sie diese Erinnerung jetzt auf einen geistigen Bildschirm, so als ob Sie die Erinnerung wie einen Film anschauen könnten. Dabei sind Sie lediglich der außenstehende Beobachter.
4. Stellen Sie sich vor, Ihr Bildschirm-Ich sei ein sehr enger Freund/eine sehr enge Freundin von Ihnen.
5. Überlegen Sie einmal: Wie würden Sie diesem Freund/dieser Freundin helfen, eine konstruktive Einstellung dem Geschehenen gegenüber zu entwickeln? Was würden Sie ihm/ihr raten?
6. Formulieren Sie diesen Rat als einprägsamen Satz. Gehen Sie jetzt in den Bildschirm hinein und sprechen Sie Ihrem Freund/Ihrer Freundin Mut zu, wobei Sie deutlich sagen, mit welcher Einstellung der Freund/die Freundin jetzt am besten weiterkommt.
7. Versetzen Sie sich jetzt in den Freund/die Freundin hinein und prüfen Sie, wie sich Ihr Gefühl verändert, wenn Sie diesen Rat annehmen.
8. Wechseln Sie wieder die Plätze, kommen Sie aus dem Bildschirm heraus und öffnen Sie die Augen wieder.

Sie müssen diese Übung eventuell mehrere Male durchführen, bis Sie die notwendige positive Einstellung erarbeitet haben. Sobald Sie eine prägnante Formulierung für eine positive Einstellung dem Erlebnis gegenüber gefunden haben, wiederholen Sie diese, bis sich Ihr Gefühl dem Erlebnis gegenüber neutralisiert hat.

Selbstzweifel auflösen

HINWEIS

Dieses Kapitel bezieht sich auf alle Ziel-Kategorien. Sollten Sie keinerlei Zweifel an der Erreichbarkeit Ihres Zieles haben, dann können Sie dieses Kapitel überspringen und auf Seite 63 fortfahren.

Der größte Feind jeder neuen Idee ist der Zweifel. Für jede gute Idee, die jemand hat, gibt es mindestens zehn Leute, die ihm versichern, dass seine Idee nicht durchführbar sei. Das sehen wir auch immer wieder in der Wissenschaft und Forschung. Viele Ideen und Erfindungen wurden vor ihrer Verwirklichung als Hirngespinste von Verrückten angesehen – man denke nur an die Erfindung des Flugzeugs oder der Vollnarkose. Heute können wir uns das Leben gar nicht mehr ohne diese Errungenschaften vorstellen.

Eine amerikanische Wissenschaftlerin erklärte mir einmal, dass jede neue Idee drei Stadien durchlaufe. In der ersten Phase versichere einem jeder, die Idee wäre undurchführbar. Mache man dann trotzdem weiter und brächte erste Teilergebnisse, dann schwenke die allgemeine Meinung um und es hieße: »Natürlich ist diese Idee durchführbar, aber hierzulande wird sie sich nie durchsetzen!« Mache man dann trotz dieser Unkenrufe immer noch weiter und brächte seine Idee zur Vollendung, dann hieße es auf einmal: »Ganz klar, dass diese Idee ein Erfolg wurde. Das haben wir ja schon immer gesagt!« Auf einmal wolle jeder am Erfolg teilhaben. Wie heißt es so schön – der Erfolg hat viele Väter; der Misserfolg dagegen ist ein armes Waisenkind ...

Sabotage kann von außen genauso wie von innen kommen. Andere Menschen können mit ihrer Kritik Selbstzweifel bei Ihnen auslösen, die Sie so verunsichern, dass Sie Ihr Ziel nicht weiter verfolgen. Genauso schädlich sind aber auch Zweifel, die in Ihrem eigenen Kopf entstehen. Es ist darum sehr wichtig, dass Sie sich von Zweifeln jeder Art so gut wie möglich freimachen. Machen Sie sich in diesem Zusammenhang Folgendes klar:

1. Zweifel sind Zeitverschwendung

Während Sie sich Sorgen darüber machen, was alles schief gehen könnte, hätten Sie schon nach Lösungsansätzen für eventuell auftretende Probleme suchen können.
Verschwenden Sie Ihre Zeit nicht damit, an das zu denken, was Sie *nicht* wollen, sondern denken Sie lieber an das, was Sie wollen.
Sie sind zu Großem unterwegs. Lassen Sie sich also nicht von Kleinigkeiten aufhalten!

2. Zweifel verderben die Laune

Gute Laune ist wichtig, wenn Sie erfolgreich ans Ziel kommen wollen. Gute Laune entspannt, macht das Leben angenehmer und die Arbeit leichter.
Schlechte Laune dagegen verspannt Körper und Geist und verbraucht kostbare Energie, die dann nicht mehr zum Erreichen Ihres Zieles zur Verfügung steht.

3. Zweifel lenken vom eigentlichen Thema ab

Zweifel treten meist dann auf, wenn eine Sache nicht wie vorgesehen abläuft. Statt zu fragen »Warum muss gerade mir

das passieren?«, oder »Warum gelingt mir nie etwas?«, fragen Sie sich lieber »Wie komme ich am besten und schnellsten aus dieser Sackgasse heraus?«
Wenn etwas nicht funktioniert, dann müssen wir eben nach alternativen Lösungen suchen. Schauen Sie nicht auf die Mauer, die Ihnen den Weg verstellt, sondern suchen Sie die Tür in der Mauer oder die Leiter, mit der Sie über die Mauer steigen können.
Um es einmal zusammenzufassen: Wer im Leben glücklich sein und weiterkommen will, der kann sich Zweifel einfach nicht leisten. Zweifel sind destruktiv. Glauben Sie lieber an sich selber und an Ihre eigenen Fähigkeiten, auch wenn Sie manche dieser Fähigkeiten erst noch lernen müssen.
Ob nun der Zweifel von außen an Sie herangetragen wird oder Ihrem eigenen Kopf entspringt, wird er doch letztlich zum Selbstzweifel. Dieser kann sich folgendermaßen äußern.

1. Der Selbstzweifel hält Sie davon ab, etwas Neues überhaupt erst anzufangen

Typische Gedanken hierfür sind:
»Das schaffe ich sowieso nie.«
»So was konnte ich noch nie gut.«
»Um dieses Ziel zu erreichen, bin ich nicht schön/intelligent/geschickt/selbstbewusst/etc. genug.«
»Das bleibt sowieso nur ein Traum.«
»Was ist, wenn mir die Veränderungen am Ende gar nicht gefallen, die ich jetzt anleiern will?«

2. Der Selbstzweifel hält Sie davon ab, nach einer Schwierigkeit auf dem Weg zum Ziel weiterzumachen

Typische Gedanken hierfür sind:

»Wusste ich es doch – das klappt nie!«
»Es hat doch keinen Zweck!«
»So wichtig war das Ziel sowieso nicht.«
»Gegen diese Umstände kann ich eben nicht an.«
»Ich bin einfach nicht der richtige Typ für so ein Unternehmen.«

3. Der Selbstzweifel erlaubt Ihnen nicht, Erreichtes anzuerkennen.

Typische Gedanken hierfür sind:

»Na ja, so etwas Besonderes war meine Leistung ja nun auch wieder nicht.«
»Jemand anders hätte das Ziel bestimmt besser/schneller erreicht.«
»Diesmal habe ich zwar mein Ziel erreicht, aber ob das auch beim nächsten Mal klappt?«
»Ich habe mein Ziel erst beim zweiten Anlauf erreicht; das war eben nur eine minderwertige Leistung!«
»Ich habe es ja nur geschafft, weil ich zufällig einmal Glück hatte.«

Um Zweifel loszuwerden, müssen sie konsequent unterbrochen werden. Wir haben ja schon gesehen, dass Selbstzweifel keinerlei Nutzen haben, darum dürfen Sie hierbei ruhig radikal vorgehen.
Ich möchte Ihnen im Folgenden fünf Methoden vorstellen, mit denen Sie Selbstzweifel unterbrechen und allmählich auflösen können.

METHODE 1
NEGATIVES IN POSITIVES VERWANDELN

Wenn Sie sich bei einem Selbstzweifel erwischen, sagen Sie innerlich »Halt – zurückspulen!« und formulieren Sie den Gedanken positiv um.

Für unsere obigen Gedanken sähe das so aus:

Negativ »Das schaffe ich sowieso nie.«
Positiv »Langsam arbeite ich mich zu meinem Ziel vor.«

Negativ »So was konnte ich noch nie gut.«
Positiv »Ich kann mir durchaus die nötigen Fähigkeiten aneignen, die mich zu meinem Ziel führen.«

Negativ »Um dieses Ziel zu erreichen, bin ich nicht schön/intelligent/geschickt/selbstbewusst genug.«
Positiv »Ich bin lernwillig und bereit, weiterzumachen. Das ist wichtiger als alles andere.«

Negativ »Das bleibt sowieso nur ein Traum.«
Positiv »Ich mache meinen Traum zur Wirklichkeit, komme was da wolle.«

Negativ »Was ist, wenn mir die Veränderungen am Ende gar nicht gefallen, die ich jetzt anleiern will?«

Positiv »Erst einmal anfangen. Später kann ich das Ergebnis immer noch abändern, wenn ich es mir anders überlegt habe.«

Negativ »Wusste ich es doch – das klappt nie!«

Positiv »Rückschritte dürfen ruhig mal passieren. Morgen geht es wieder vorwärts.«

Negativ »Es hat doch keinen Zweck!«

Positiv »Erst einmal ausspannen, dann fällt mir auch eine Lösung ein.«

Negativ »So wichtig war das Ziel sowieso nicht.«

Positiv »Ich verdiene es, mein Ziel zu erreichen. Ein läppischer Rückschlag kann mich nicht abbringen.«

Negativ »Gegen diese Umstände kann ich eben nicht an.«

Positiv »Wenn die Umstände ungünstig sind, dann muss ich sie eben ändern, damit ich ans Ziel komme.«

Negativ »Ich bin einfach nicht der richtige Typ für so ein Unternehmen.«

Positiv »Ich entwickle mich ganz allmählich zum Gewinner. Von einem Rückschlag lasse ich mich nicht aus der Bahn werfen!«

Negativ »Na ja, so was Besonderes war meine Leistung ja auch wieder nicht.«

Positiv »Champagner und Rosen! Ich habe es geschafft!«

Negativ »Jemand anders hätte das Ziel bestimmt besser/schneller erreicht.«

Positiv »Viele andere hätten bestimmt mittendrin aufgegeben, ich aber nicht!«

Negativ »Diesmal habe ich zwar mein Ziel erreicht, aber ob das auch beim nächsten Mal klappt?«

Positiv »Ich bin stolz, dass ich mein letztes Ziel erreicht habe. Jetzt geht es mit doppelter Kraft an mein nächstes Projekt.«

Negativ »Ich habe mein Ziel erst beim zweiten Anlauf erreicht; das war eben nur eine minderwertige Leistung.«

Positiv »Mein Durchhaltevermögen war beachtlich. Ich habe mich auch durch einen Fehlschlag nicht von meinem Ziel abbringen lassen.«

Negativ »Ich habe es ja nur geschafft, weil ich Glück hatte.«

Positiv »Jeder ist seines eigenen Glückes Schmied. Hätte ich nicht auf mein Ziel hingearbeitet, hätte mir Glück alleine auch nichts genützt.«

METHODE 2
ZWEIFEL IN DIE LUFT SPRENGEN

Eine etwas radikalere Methode können Sie mit Hilfe Ihrer Vorstellungskraft anwenden. Stellen Sie sich vor, wie Sie jeden einzelnen Ihrer Selbstzweifel in eine große Mülltonne verfrachten. Die Mülltonne ist mit Sprengstoff geladen. Sie stehen in sicherer Entfernung, drücken den Zündknopf und die Tonne zerreißt es meterhoch in der Luft. Ihre Zweifel sind in tausend Stücke zerfetzt.

Wiederholen Sie diese Übung ganz konsequent immer dann, wenn Ihnen Zweifel kommen.

METHODE 3
SCHICKEN SIE DIE ZWEIFEL WOANDERS HIN ZUM SPIELEN

Stellen Sie sich vor, Ihre negativen Gedanken wären eine randalierende Kinderschar, die zwar gutartig, aber ziemlich nervig ist. Schicken Sie die lieben Kleinen zum Spielen nach draußen. Stellen Sie sich dabei vor, wie all Ihre Zweifel Ihren Kopf verlassen. Die Zweifel-Kinder können sich jetzt anderweitig austoben.

Spüren Sie die wohltuende Stille in Kopf und Bauch. Füllen Sie diese Stille jetzt mit angenehmen Erinnerungen aus der Vergangenheit, wenn es geht mit Erinnerungen an kleinere oder größere Erfolge.

METHODE 4
DAS HILFSBEREITE UNTERBEWUSSTSEIN

Stellen Sie sich vor, dass Ihnen die Zweifel von Ihrem Unterbewusstsein zugeflüstert werden. Ihr Unterbewusstsein will Ihnen damit helfen und vermeiden, dass Sie sich durch einen Fehlschlag lächerlich machen, dass Sie eine Enttäuschung erleben oder dass Sie durch den Erfolg hochnäsig werden.

Stellen Sie sich Ihr Unterbewusstsein als kleines Männchen vor, das auf Ihrer Schulter sitzt. Bedanken Sie sich bei ihm für seine Hilfsbereitschaft. Verhandeln Sie dann mit ihm über das, was Sie lieber von ihm hören möchten. Das könnte ein positiver Satz sein wie etwa »Mach mal, das kannst du schon« oder »Gut gemacht!«. Vereinbaren Sie eine Probezeit von einer Woche, während der Ihnen Ihr Unterbewusstsein den neuen Satz sagt.

METHODE 5
VERGRABEN SIE IHRE ZWEIFEL
Stellen Sie sich vor, wie Sie all Ihre Zweifel in einem imaginären Garten zu einem großen Haufen auftürmen. Zünden Sie jetzt den Haufen wie ein Laubfeuer an und lassen Sie alle Zweifel zu Asche verbrennen.
Heben Sie jetzt ein flaches Loch im Garten aus. Vermischen Sie die Asche der Zweifel mit Blumensamen und füllen Sie das Loch mit der ausgehobenen Erde, der Asche und den Samen. Gießen Sie jetzt mit einer Gießkanne Wasser auf die Erde und beobachten Sie, wie aus der Erde viele grüne Pflanzen und Blumen wachsen. Sie haben das ehemals Negative in etwas Positives verwandelt.
Probieren Sie einmal die einzelnen Methoden aus und suchen Sie sich dann diejenige heraus, die Ihnen persönlich am meisten liegt. Schon beim Durchlesen der unterschiedlichen Methoden werden Sie merken, welche Ihnen besonders »sympathisch« ist und welche Sie eher kalt lässt. Erfahrungsgemäß gibt es hier individuelle Unterschiede. Lassen Sie sich ruhig von Ihrem Gefühl leiten und Sie werden sehen, dass Sie Ihre Intuition automatisch zu der für Sie richtigen Methode führt.

Körper-Harmonie erzeugen

HINWEIS
Wenn es Ihnen leicht fällt, sich zu entspannen und auch in Stress-Situationen gelassen zu reagieren, können Sie dieses Kapitel auslassen und auf Seite 73 fortfahren.
Um positiv denken zu können, muss zunächst einmal der Körper auf »Empfang« gestellt werden. Sie können die teuers-

te Satellitenschüssel auf dem Hausdach haben, doch wenn sie nicht richtig eingestellt ist, dann bekommen Sie auch keine Fernsehbilder zu sehen.

Beim Positiven Denken kommen die Erfolgsbotschaften natürlich von Ihnen selber und nicht aus dem Weltall. Sie sind also gleichzeitig Sender und Empfänger. Senden können Sie mit Ihrem Bewusstsein, empfangen sollten Sie aber mit Ihrem Unterbewusstsein, und zwar aus folgendem Grund: Unser Fühlen und Denken ist im Unterbewusstsein angesiedelt, das heißt, wir treffen normalerweise keine bewusste Entscheidung, was wir denken oder fühlen wollen. Der Gedanke oder das Gefühl ist spontan da, und alles, was wir automatisch tun, kommt aus dem Unterbewusstsein. Wir handeln nach dem und reagieren auf das, was wir denken und fühlen. Und je nachdem, wie wir handeln oder reagieren, haben wir als Ergebnis Erfolg oder Misserfolg.

Wenn uns der Gedanke an eine Prüfung in Angst und Schrecken versetzt, dann reagieren wir mit Panik, können darum nicht mehr klar denken, erinnern uns darum nicht an Gelerntes und setzen so die Prüfung in den Sand. Wenn wir uns, während wir krank sind, viele Sorgen machen, dann fühlen wir uns nicht nur seelisch schlecht, sondern genesen auch körperlich langsamer oder haben schneller einen Rückfall.

Sowohl das vegetative Nervensystem als auch unsere Gefühle und unsere Vorstellungskraft sind im Unterbewusstsein angesiedelt *und funktionieren automatisch.* Wollen wir jetzt positive Gefühle, Gedanken und Körperreaktionen einspeichern, muss zunächst einmal der Körper zur Ruhe kommen. Mit einem entspannten Körper wird das Unterbewusstsein auf Empfang gestellt, sodass alte, negative innere Botschaften ins Positive verwandelt werden können. Erst diese Verwandlung wiederum macht erfolgreiches, zielgerichtetes Handeln und Denken möglich.

Um innerlich zur Ruhe zu kommen ist richtiges Atmen wichtig. Mit den folgenden Übungen können Sie einmal überprüfen, wie sich Ihr Atem auf Ihr Körpergefühl und auf Ihre Laune niederschlägt.

Übung

Bauch rein, Brust raus

1. Setzen Sie sich bequem hin.
2. Wenn Sie einen Gürtel tragen, ziehen Sie ihn jetzt fest zu, sodass Ihr Bauch eingeklemmt ist. Wenn Sie keinen Gürtel tragen, dann ziehen Sie den Bauch kräftig ein und halten Sie diese Spannung fest.
3. Atmen Sie jetzt nur mit dem oberen Brustkorbbereich ein und aus.
4. Atmen Sie auf diese Weise mindestens zehnmal ein und aus, und zwar mit geschlossenen Augen.

Wie fühlt sich jetzt Ihr Körper an?

____

____

Wie fühlen Sie sich jetzt seelisch?

____

____

Lassen Sie jetzt die Spannung im Bauchbereich los, lösen Sie den Gürtel wieder und atmen Sie ein paar Mal tief ein und aus. Stehen Sie auch ruhig einen Moment lang auf und gehen im Zimmer herum, bevor Sie mit der nächsten Übung weitermachen.

Übung

Harmonisches Atmen

1. Setzen Sie sich bequem hin.
2. Lockern Sie enge Kleidung und schließen Sie die Augen.
3. Atmen Sie jetzt mit dem gesamten Ober- und Unterkörper. Dabei können Sie eine Ausdehnung des Bauchbereichs beim Einatmen feststellen.
4. Legen Sie eine Hand auf den Bauch und achten Sie darauf, dass die Hand von dem sich füllenden Bauchbereich beim Einatmen hochgeschoben wird.
5. Atmen Sie auf diese Weise mindestens zehnmal ein und aus.

Wie fühlt sich jetzt Ihr Körper an?

____

____

Wie fühlen Sie sich jetzt seelisch?

____

____

Wenn Sie die beiden Übungen richtig ausgeführt haben, werden Sie einen klaren Unterschied feststellen. Das falsche

Atemschema »Bauch rein, Brust raus« ist körperlich unangenehm und verursacht seelischen Stress, wohingegen das harmonische Atmen einen entspannenden und beruhigenden Effekt hat.

Harmonisches Atmen hat außerdem die folgenden Vorteile:

- Es transportiert mehr Sauerstoff zum Gehirn und erhöht daher die Konzentrationsfähigkeit und die Denkleistung.
- Durch die Bewegung der Bauchdecke werden die dahinter liegenden Organe massiert. Das führt zu besserer Durchblutung und gesteigerter Leistungsfähigkeit dieser Organe, was sich wiederum günstig auf den allgemeinen Gesundheitszustand auswirkt.
- Es beugt körperlichen Stress-Reaktionen vor und hilft Ängste abzubauen.

Aber auch mit der folgenden Übung können Sie Ihren Körper und Geist auf Empfangsbereitschaft schalten.

Übung

Allmähliche Muskelentspannung

1. Setzen oder legen Sie sich bequem hin.
2. Lösen Sie enge Kleidung und schließen Sie die Augen.
3. Konzentrieren Sie sich auf Ihre Füße. Spannen Sie die Fußmuskeln an und stellen Sie sich dabei vor, wie jemand einen Schwamm ausdrückt.
4. Entspannen Sie die Fußmuskeln wieder und stellen Sie sich dabei vor, wie sich der Schwamm jetzt wieder mit Wasser vollsaugt.
5. Liegen Sie noch einen Augenblick lang still, sodass Sie die Entspannung in den Füßen spüren können.

6. Konzentrieren Sie sich jetzt der Reihe nach auf folgende Körperteile: Unterschenkel, Oberschenkel, Gesäß, Bauch, Brust, Hände, Arme, Schultern, Gesicht. Führen Sie mit jedem dieser Körperteile die Schritte 3 bis 5 durch.

Wenn Sie alle Körperteile angespannt und entspannt haben, bleiben Sie bitte noch ein paar Minuten mit geschlossenen Augen liegen, um den vollen Effekt der Entspannung wahrzunehmen.

Wie fühlt sich Ihr Körper nach dieser Übung an?

____

____

Wie fühlen Sie sich seelisch nach dieser Übung?

____

____

TIPPS

- Machen Sie sich keine Sorgen, wenn durch die Anspannung eines Körperteils auch andere mit angespannt werden. Das darf ruhig sein.
- Wenn es Ihnen schwer fällt, einen bestimmten Körperteil zu entspannen, dann führen Sie die Schritte 1 bis 3 bei diesem Körperteil zwei- oder dreimal durch statt nur einmal.
- Sie können selbst bestimmen, wie fest Sie die einzelnen Muskeln anspannen wollen. Ausschlaggebend ist einzig und allein, was bei Ihnen zur besten Entspannung führt.

Probieren Sie die Übung zunächst einmal mit stärkerer Anspannung aus und wiederholen Sie sie am nächsten Tag mit leichterer Anspannung, um zu sehen, was Ihnen mehr nützt.

- Bestimmen Sie auch durch Ausprobieren, wie lange Sie die Spannung in den einzelnen Körperteilen halten, bevor Sie sie loslassen, um den maximalen Entspannungseffekt zu erzielen. Es gibt keine »richtige« oder »falsche« Zeitlänge, nur eine Länge, die für Sie persönlich stimmt.
- Die geistige Vorstellung, wie ein Schwamm ausgedrückt wird, brauchen Sie keineswegs gestochen scharf vor sich zu sehen. Auch ein vages Bild hilft Ihnen, Ihre geistige Aufmerksamkeit auf die Übung gerichtet zu halten.

HAUSAUFGABE

Führen Sie entweder die Harmonische Atemübung oder die Allmähliche Muskelentspannung mindestens eine Woche lang einmal täglich durch.

	Atemübung	Muskelentspannung
Tag 1	❍	❍
Tag 2	❍	❍
Tag 3	❍	❍
Tag 4	❍	❍
Tag 5	❍	❍
Tag 6	❍	❍
Tag 7	❍	❍

Haken Sie bitte jeden Tag ab, an dem Sie die Übung gemacht haben.
Wenn Sie die Atemübung und die Muskelentspannung gut beherrschen, können Sie daran gehen, die Entspannung zu vertiefen. Das geht am besten, wenn Sie sich in ein entspannendes Gedankenbild versenken. Dieser Vorgang nennt sich Visualisierung. Hierbei wird die Gedankenkraft eingesetzt, um Körper oder Geist positiv zu beeinflussen.
Wir wollen uns einmal ein Gedankenbild ansehen, das sich ausgezeichnet zur Entspannung eignet. Lesen Sie es sich zunächst einmal durch.

Übung

Der Entspannungs-Garten
Skript
Stellen Sie sich vor, wie Sie auf einer Terrasse stehen und auf einen Garten schauen. Es ist ein wunderschöner Tag, blauer Himmel, milder, warmer Sonnenschein, und ein paar kleine weiße Wolken ziehen gemächlich am Himmel dahin ...
Niemand möchte im Moment etwas von Ihnen, und Sie haben ganz viel Zeit, sich den Garten genau anzuschauen ...
Sie sehen, dass der Garten umgeben ist von schönen alten Bäumen, die den Garten von der Außenwelt abschirmen, sodass er ganz privat und nur für Sie alleine da ist ...
Und am Fuße der Terrasse erstreckt sich ein schöner grüner Rasen mit vielen Blumenbeeten, die voll herrlicher Blumen sind. Auf dem Rasen befindet sich außerdem ein komfortabler Gartenstuhl mit bequemen Polstern ...
Vor sich sehen Sie fünf Stufen, die auf eine Zwischenterrasse hinunterführen, und von der Zwischenterrasse führen weitere fünf Stufen auf den Rasen hinunter.

Stellen Sie sich vor, wie Sie jetzt langsam diese fünf Stufen auf die Zwischenterrasse hinuntergehen ...
Auf der Zwischenterrasse angekommen bemerken Sie einen großen steinernen Blumentopf mit wunderschönen Blumen. Schauen Sie genau hin: Welche Farbe haben die Blumen?
Jetzt schauen Sie wieder geradeaus auf die nächsten fünf Stufen und Sie fangen an, die Stufen langsam hinunterzugehen. Nun sind Sie auf dem Rasen angekommen. Niemand will im Moment etwas von Ihnen und Sie können sich alle Zeit der Welt nehmen, um sich in diesem schönen Garten zu entspannen.
Konzentrieren Sie Ihren Blick jetzt auf den Gartenstuhl und beginnen Sie, auf den Stuhl zuzugehen. Während Sie gehen, können Sie das Gras unter Ihren Schuhsohlen fühlen und die milde Wärme der Sonne auf Ihrem Gesicht ...
Und jetzt sind Sie beim Stuhl angekommen. Gehen Sie einmal ganz langsam um den Stuhl herum, betrachten Sie ihn von allen Seiten und lassen Sie Ihre Hand über die weichen Polster gleiten ...
Und nun setzen Sie sich in den Stuhl und lassen Sie sich bequem in die Polster zurücksinken. Schließen Sie die Augen, sodass Sie die Wärme der Sonne auf Ihren Augenlidern fühlen können, wohltuend und entspannend ...
Und während sich all die kleinen Muskeln um Ihre Augen herum entspannen, werden die Augenlider schwerer und schwerer, eine wohltuende Schwere, die das ganze Gesicht entspannt ...
Lassen Sie jetzt dieses schwere, wohltuende Gefühl weiter nach unten strömen, in die Schultern, Arme und Hände, in den Oberkörper, den Unterkörper, die Beine, bis hinunter in die Füße ...

1. Lesen Sie dieses Skript mehrmals in Ruhe durch.
2. Setzen Sie sich jetzt bequem hin und schließen Sie die Augen.
3. Stellen Sie sich die Garten-Szene vor und lassen Sie sich viel Zeit dabei.
4. Wenn Sie sich gedanklich ein paar Minuten im Entspannungs-Garten aufgehalten haben, öffnen Sie die Augen wieder.

Wie fühlt sich jetzt Ihr Körper an?

____

Wie fühlen Sie sich jetzt seelisch?

____

____

HAUSAUFGABE

Schließen Sie die Übung »Der Entspannungs-Garten« an die Allmähliche Muskelentspannung an. Dadurch erzielen Sie eine noch tiefere Entspannung.
Sie können auch ein Tonband mit der Allmählichen Muskelentspannung und dem Entspannungs-Garten besprechen. Dieses Band sollten Sie jedoch *auf keinen Fall* beim Autofahren abspielen. Schließlich sollen Sie Ihr Auto nicht um einen Baum wickeln, nur weil Sie sich so gut entspannt haben! Setzen oder legen Sie sich immer hin, wenn Sie das Band hören.

Negative Gedanken beseitigen

HINWEIS

Wenn Sie sich stark motiviert fühlen und nicht unter negativen Gedanken leiden, können Sie dieses Kapitel auslassen und auf Seite 79 fortfahren.

Erfahrungsgemäß ist der größte Stolperstein beim Positiven Denken die leise innere Stimme, die uns immer wieder Negatives suggeriert: »Das kannst du sowieso nicht!«, »Du bist einfach nicht der Erfolgstyp!«, »Das klappt doch nie!«, »Wieso sollte es jetzt klappen, wenn es bislang auch nie geklappt hat?«

Diese negative innere Stimme wäre an sich kein allzu großes Problem, wenn sie nicht so ernsthafte Konsequenzen hätte. Es bleibt ja nicht beim Gedanken selbst, sondern der Gedanke (besonders, wenn er wiederholt auftritt) schlägt sich in Ihrem Leben als greifbares Resultat nieder. Denken Sie einmal über folgende Feststellungen nach:

Wenn wir einen Gedanken immer wieder denken, fangen wir an ihn zu glauben.

Was wir glauben, wird zu unserer inneren Wirklichkeit und manifestiert sich als äußeres Resultat.

Was wir glauben, hat einen starken Einfluss darauf, wie wir uns verhalten und wie es uns im Leben ergeht. Ein typisches Beispiel dafür ist die folgende Geschichte.

Ein Mann fährt eine verlassene Landstraße entlang, als er auf einmal merkt, dass er einen Platten hat. Er holt den Ersatzreifen aus dem Kofferraum, merkt aber, dass er den Wagenheber vergessen hat. Da erinnert er sich, dass er ein paar Kilometer zuvor an einer Tankstelle vorbeigekommen war und beschließt, dorthin zurückzugehen, um sich vom Tankwart einen Wagenheber auszuleihen.

Während er die Straße entlangwandert, gehen ihm allerhand Gedanken durch den Kopf. »Ausgerechnet in dieser verlassenen Gegend muss mir das passieren! So ein Pech ... Ich wette, das ist die einzige Tankstelle weit und breit ... Wenn der Tankwart mir nicht helfen will, dann bin ich aber aufgeschmissen! Der könnte meine Notlage so richtig ausnutzen – ich kann ja nirgend woanders hingehen ... Er könnte sogar Geld dafür verlangen, dass er mir den Wagenheber ausleiht! Es ist doch wirklich ein Skandal, wie manche Leute aus der Notlage anderer Kapital schlagen!«
So wandert der Mann die Straße entlang und wird immer wütender. Als er schließlich an der Tankstelle ankommt, fragt ihn der Tankwart freundlich: »Wie kann ich Ihnen helfen?« Unser Freund schnautzt ihn an: »Sie können sich Ihren blöden Wagenheber an den Hut stecken!«

Als ich diese Geschichte zum ersten Mal hörte, musste ich lachen. Vielleicht ist es Ihnen gerade ebenso gegangen. Wir lachen, weil wir uns darin selber erkennen. Unsere Gedanken rennen mit uns davon, erfinden Probleme, die gar nicht da sind, und malen uns Katastrophen aus, die nicht existieren. Entsprechend fühlen und verhalten wir uns dann, und entsprechend werden wir von anderen behandelt. – Ob sich der Tankwart den rüden Ton wohl gefallen ließ und dem Mann den Wagenheber auslieh?
Der Mann *glaubte*, dass ihn der Tankwart ausnutzen würde, aber das stimmte nicht. Genauso glaubten die Menschen vor vielen hundert Jahren, dass die Erde eine Scheibe sei, von der man herunterfiele, wenn man zu weit reiste. Was wir glauben, hat also nicht unbedingt etwas mit den Tatsachen zu tun.
Wenn wir glauben, dass wir gut aussehen, dann fühlen wir uns wohl, pflegen uns, ziehen uns gut an und haben Cha-

risma. Dieser innere Glaube ist unabhängig davon, ob uns *andere* als gut aussehend betrachten. Da wir gut gelaunt sind, wirken wir entspannt und wirken anziehend auf andere. Sophia Loren sagte einmal: »Nichts macht eine Frau schöner als der Glaube, dass sie schön sei.« Wer glaubt, gut auszusehen, bewegt sich mit Selbstvertrauen und strahlt Positives aus.
Was wir glauben wird zur Wirklichkeit. Das gilt nicht nur für das Aussehen, sondern auch für andere Bereiche im Leben, sei es Gesundheit, Liebe oder Finanzen. Wenn wir erfolgreich sein wollen, dann müssen wir die Überzeugung kultivieren, dass wir wichtig sind und Erfolg verdienen.

Übung

Wie programmieren Sie sich?
Denken Sie an das von Ihnen gewählte Ziel. Schließen Sie dabei die Augen.
Welche Gedanken gehen Ihnen dabei durch den Kopf?
Notieren Sie sowohl die positiven wie auch die negativen Gedanken.

Positive Gedanken:

____

____

Negative Gedanken:

____

____

Wenn Ihnen nur Positives beim Gedanken an Ihr Ziel einfällt, dann können Sie den Rest dieses Kapitels überspringen und mit dem nächsten Kapitel über Affirmationen weitermachen. Haben Sie neben positiven Gedanken auch negative notiert, oder vielleicht sogar nur negative Gedanken, dann lesen Sie bitte hier weiter.

Unser Unterbewusstsein funktioniert wie ein Computer, und zwar wie ein sehr teurer! Was in ihn eingespeichert wird, kommt als Resultat am Ende heraus. Wenn etwas nie eingespeichert worden ist, dann kann es sich auch nicht später verwirklichen. Nach dem, was in Ihrem Unterbewusstsein gespeichert ist, denken, handeln und fühlen Sie.

Viele unserer negativen unterbewussten Programme wurden in der Vergangenheit von Eltern, Lehrern und anderen für uns bedeutenden Menschen eingespeichert. Diese alten Programme sind meistens total überholt, aber wir benutzen sie trotzdem weiterhin, einfach, weil sie schon da sind. Es ist bequemer, mit dem weiterzuleben, was man schon hat, als Anstrengungen zu unternehmen, durch eigene Arbeit etwas Besseres zu erschaffen.

Und doch können wir unser Unterbewusstsein auf eine Weise programmieren, die uns nutzt und uns im Leben glücklicher macht und weiterbringt. Nur sind es immer wieder die alten negativen Gedanken, die sich einmischen.

Übung

Den Kopf ausschalten

Versuchen Sie einmal, eine Minute lang nicht zu denken. Wie gut können Sie das?

Es ist gar nicht so einfach, dem permanenten Fluss der Gedanken Einhalt zu gebieten. Gedanken sind dauernd in un-

serem Kopf zugange und verbauen uns so manches Mal die Sicht auf das, was wesentlich ist. Es ist daher außerordentlich wichtig, diesen Gedankenstrom einzudämmen, wenn wir mit Erfolg Positives in unseren unterbewussten Computer programmieren wollen.
Sie haben schon zwei Methoden kennengelernt, mit denen Sie körperliche und geistige Entspannung erzeugen können, nämlich das Harmonische Atmen und die Allmähliche Muskelentspannung (siehe S. 66). Ein ruhiger Körper erzeugt einen beruhigten und ruhigen Geist. Aber auch mit Hilfe des Geistes kann der innere negative Redefluss eingedämmt werden.

Übung

Paradoxe Intention

1. Schließen Sie die Augen und denken Sie an Ihr Ziel.
2. Bemühen Sie sich jetzt ganz stark darum, möglichst viele negative Gedanken zu Ihrem Ziel zu haben.

Was passiert, wenn Sie sich absichtlich um negative Gedanken bemühen?

____

____

Wie fühlen Sie sich, wenn Sie versuchen, absichtlich negative Gedanken zu erzeugen?

____

____

Für die meisten Menschen tritt das genaue Gegenteil ein. Da negative Gedanken normalerweise spontan auftreten, lassen sie sich am leichtesten dadurch verscheuchen, indem man versucht, sie mit Absicht herbeizurufen. Auch die folgende Übung kann helfen, den Fluss negativer Gedanken zu unterbrechen.

Übung

Der Negativ-Verzerrer

1. Denken Sie wieder an Ihr Ziel und werden Sie sich der negativen Gedanken bewusst.
2. Stellen Sie sich vor, wie Ihre Gedanken immer schneller ablaufen, sodass der Ton des Gedachten ganz hoch und verzerrt wird wie die Stimme von Mickeymaus.
3. Stellen Sie sich dabei zusätzlich vor, wie Sie das Band einer Audiokassette aus dem Gehäuse ziehen, bis Sie das ganze Band in der Hand halten, zerknüllen und wegwerfen können.

Was passiert mit Ihren negativen Gedanken, während Sie diese Übung durchführen?

____

____

Wie fühlen Sie sich bei dieser Übung?

____

____

Indem Sie negative Gedanken systematisch unterbrechen, verändern Sie den Automatismus, der diese Gedanken so wirkungsvoll macht. Übernehmen Sie also die Führung und bestimmen Sie selber, was in Ihrem Kopf vorgeht!

HAUSAUFGABE

Denken Sie für die nächsten sieben Tage einmal täglich an Ihr Ziel. Sobald Sie das Aufkommen negativer Gedanken bemerken, benutzen Sie entweder die Paradoxe Intention oder den Negativ-Verzerrer, um die negativen Gedanken abzubrechen.

Affirmationen erstellen

HINWEIS

Dieses Kapitel ist für alle Ziel-Kategorien relevant und sollte von jedem Leser bearbeitet werden.

Vielleicht ist es Ihnen selber schon passiert: Als es Ihnen einmal nicht gut ging, weil etwas Schlimmes passiert war, hat Sie ein Freund oder Bekannter im Gespräch wieder aufgerichtet. Oder Sie befanden sich in einer schwierigen Phase und eine Freundin hat Ihnen in wiederholten Gesprächen Mut gemacht, sodass Sie dann gestärkt weitermachen konnten.

Worte können etwas ungemein Tröstendes und Aufbauendes haben. Manchmal erinnern wir uns an einen bestimmten Satz, der im Gespräch gefallen ist, wir denken hinterher immer wieder an diesen Satz, und er hilft uns weiter. Darum ist es auch wichtig, Komplimente zu machen (natürlich nur ehrliche!) und Lob auszusprechen, wo es angebracht ist.

Komplimente und Lob spornen an und wirken sich positiv auf die Psyche aus.
Probieren Sie es doch einmal selber aus. Nehmen wir einmal an, Sie wollten sich entspannen.

Übung

Ein gutes Wort zur rechten Zeit

1. Setzen oder legen Sie sich bequem hin und schließen Sie die Augen.
2. Denken Sie die folgenden Worte: »Ruhe – Harmonie – Entspannung – Friede«.
   Fühlen Sie, wie Ihr Körper und Ihr Geist auf jedes einzelne dieser Wörter reagiert.

Welches Wort/welche Wörter löst/lösen bei Ihnen die größten Entspannungsgefühle aus?

____

Welche körperlichen Anzeichen zeigen Ihnen, dass Sie sich bei diesem Wort/diesen Wörtern entspannt haben?

____

Wenn Ihnen keines der vorgeschlagenen Wörter ein Entspannungsgefühl übermittelt, welches Wort assoziieren Sie dann mit Entspannung? Schließen Sie die Augen noch einmal und finden Sie das richtige Wort.

____

Worte haben einen Effekt auf unseren Gemütszustand, ob wir es wollen oder nicht. Eine unfreundliche Bemerkung kann uns den ganzen Tag vermiesen, ein freundlicher Kommentar dagegen lässt uns aufblühen. Das Wissen um diesen Zusammenhang machen wir uns auch im Positiven Denken zunutze.

Einen positiven Satz, den wir benutzen, um eine optimistischere Haltung zum Leben oder zu einer bestimmten Situation zu gewinnen, nennen wir Affirmation. Affirmationen sind allgemeine Feststellungen, mit denen wir uns selbst ermutigen und bestärken. Auf diese Weise bauen wir eine innere Kraftzentrale auf, die uns dazu verhilft, Ziele beständiger zu verfolgen. Es ist allerdings wichtig, Affirmationen sorgfältig zu formulieren, damit sie auch für Sie persönlich wirkungsvoll eingesetzt werden können.

Es ist eigentlich ziemlich einfach, eine positive Affirmation zu erstellen, vorausgesetzt, Sie halten sich an ein paar einfache Regeln.

1. Meiden Sie negative Formulierungen

Ihre Affirmation sollte nur aus positiven Wörtern bestehen. Worte, die mit Angst, Zweifel oder Versagen zu tun haben, sollten unbedingt vermieden werden, da Sie sonst nicht in den vollen Genuss der Affirmation kommen.

Falsch: »Ich habe keine Angst davor, eine Rede zu halten.«
Richtig: »Ich bin ruhig und entspannt und kann mein Wissen erfolgreich vermitteln.«

Falsch: »Ich werde in der Prüfung keine Fehler machen.«
Richtig: »Ich bestehe meine Prüfung gut.«

2. Verwenden Sie das Präsens

Wo immer möglich, vermeiden Sie das Futur. Drücken Sie Ihre Affirmation in der Gegenwart aus, nicht in der Zukunft.

Falsch: »Ich werde meine Prüfung gut bestehen.«
Richtig: »Ich bestehe meine Prüfung gut.«

Falsch: »Ich werde mit Selbstvertrauen auftreten, wenn ich mit meinem Chef spreche.«
Richtig: »Ich bin ruhig und selbstbewusst, wenn ich mit meinem Chef spreche.«

Ihr Unterbewusstsein nimmt alles, was Sie denken, wörtlich und wartet mit Ihnen auf die Zukunft, wenn Sie etwas als zukünftig formulieren. Es ist aber wichtig, dass Sie sich jetzt zuversichtlich fühlen, sodass Sie in Ruhe auf das Ereignis zugehen können und es gut über die Bühne bringen, wenn es dann tatsächlich stattfindet. Vermeiden Sie also Wörter wie »wird« und »werden«, wenn diese die Zukunft meinen. Es ist dagegen durchaus zulässig, »werden« im Zusammenhang mit einem allmählichen Vorgang in Affirmationen zu verwenden, zum Beispiel »schlanker werden« oder »ruhiger werden«.

3. Halten Sie Ihre Affirmation allgemein

Ihnen fallen vielleicht mehrere praktische Lösungen zu einem Problem ein. Wenn Sie sich zum Beispiel isoliert fühlen, nachdem Sie in eine andere Gegend gezogen sind, dann erwägen Sie vielleicht, einem Verein beizutreten, Nachbarn zum Kaffee einzuladen oder mit der Kassiererin im Supermarkt zu schwatzen. Diese praktischen Lösungsmöglichkeiten sollen aber *nicht* in Ihre Affirmation mit eingeschlossen werden. Affirmationen sind dazu da, Sie zu ermutigen und zu motivieren, all diese konkreten Dinge zu tun – sie sind dagegen keine »Einkaufsliste« für das, was getan werden muss.

Falsch: »Ich habe mich gut in meinem neuen Zuhause eingelebt und kann jetzt einem Verein beitreten, um neue Freunde zu gewinnen.«
Richtig: »Ich habe mich gut in meinem neuen Zuhause eingelebt und finde es leicht, neue Freunde zu gewinnen.«

Hier sind einige gute Satzanfänge, mit denen Sie Affirmationen einleiten können:

- »Ich bin ruhig und gelassen, wenn ...«
- »Ich kann ...«
- »Ich kann lernen, ...«
- »Ich freue mich darauf, ...«
- »Ich habe ein Recht darauf, ...«
- »Es fällt mir von Tag zu Tag leichter, ...«
- »Ich habe es verdient, ...«

Das sind nur einige Vorschläge. Selbstverständlich können Sie sich auch andere Anfänge ausdenken, solange Sie sich an Regeln 1 und 2 halten.

4. Vermeiden Sie das Wolkenkuckucksheim

Es hat wenig Sinn, mit gekreuzten Beinen auf dem Fußboden zu sitzen und mit geschlossenen Augen vor sich her zu murmeln »Ich bin reich! Ich bin reich!«, wenn Sie arbeitslos sind und um Sie herum der Putz von den Wänden bröckelt. Ihr Unterbewusstsein ist nicht dumm und wird diese Affirmation als wirklichkeitsfremd gar nicht erst annehmen. In diesem Falle sollten Sie also folgendermaßen vorgehen:

Falsch: »Ich bin reich.«
Richtig: »Ich kann eine gute Arbeitsstelle finden. Ich freue mich schon darauf, meine finanzielle Lage erheblich zu verbessern.«

5. Prüfen Sie jede Affirmation auf ihre Wertigkeit

Erinnern Sie sich noch an die Positiv-Übung von Seite 40? Sie hatten dabei festgestellt, wie Ihr Körper auf positive Gedanken reagiert. Ihre Mundwinkel zogen sich vielleicht nach oben, oder Sie stellten ein angenehmes Gefühl im Magen fest. Oft bemerkt man mehrere körperliche Merkmale, die einem zeigen, dass man an etwas Angenehmes denkt.
Wenn Sie jetzt gleich Ihre eigenen Affirmationen erstellen, dann ist es wichtig, dass Sie überprüfen, ob Ihr Unterbewusstsein diese Affirmation auch annimmt. Dafür brauchen Sie lediglich die Augen zu schließen und die Affirmation einmal laut oder im Geiste zu sagen. Sobald sich ein positives Körpergefühl einstellt, wissen Sie, dass diese Affirmation für Sie stimmt. Ist das Körpergefühl dagegen neutral oder negativ, müssen Sie die Affirmation noch etwas verändern.

6. Benutzen Sie Affirmationen regelmäßig

Wenn wir uns endlich entschlossen haben, negative Gedanken mit Hilfe von Affirmationen auf positiv umzupolen, dann sind normalerweise die negativen Gedanken schon ziemlich fest in uns verankert. Das bedeutet, dass Sie anfangs möglicherweise bemerken, wie die negativen Gedanken immer wieder in Ihrem Kopf auftauchen, wenn Sie gerade mal nicht aufpassen.

Alte Gewohnheiten sind oft hartnäckig und müssen daher mit Hartnäckigkeit bekämpft werden. Haben Sie Geduld und bleiben Sie am Ball. Solange Sie die negativen Gedanken immer wieder durch positive ersetzen, werden die negativen Gedanken allmählich schwächer und verschwinden schließlich völlig. Positive Gedanken kommen dann automatisch, und es wird Ihnen zur zweiten Natur konstruktiv zu denken. Es lohnt sich also durchzuhalten!

7. Fangen Sie jetzt an!

Vielleicht denken Sie, dass sich das alles sehr gut anhört und Sie ganz bestimmt morgen mit positiven Affirmationen anfangen. Warum morgen? Warum nicht heute? Seien Sie positiv und hören Sie auf, alles auf die lange Bank zu schieben. Warten Sie nicht auf den richtigen Zeitpunkt – der kommt vielleicht nie!

Nachdem Sie sich nun die Regeln zur Erstellung von Affirmationen zu Gemüte geführt haben, müssen Taten folgen. Erstellen Sie sich jetzt Ihre eigenen Affirmationen, die Ihnen auf dem Weg zu Ihrem Ziel den Rücken stärken. Sie finden im Folgenden für die einzelnen Ziel-Kategorien (siehe Seite 13) einen Leitfaden.

Ziel-Kategorie A

- Rauchen
  »Es fällt mir immer leichter, Zigaretten links liegen zu lassen.«
- Nägelkauen
  »Ich freue mich an meinen schönen Nägeln und pflege sie jeden Tag liebevoll.«
- Sich dauernd Sorgen machen
  »Ich vergesse immer häufiger, mir Sorgen zu machen.«

Ziel-Kategorie U

- Den falschen Partner endlich verlassen
  »Ich bin es mir wert, diese unbefriedigende Beziehung zu beenden.«
- Den richtigen Partner finden
  »Der richtige Mann/die richtige Frau ist schon zu mir unterwegs.«
- Angst vor Autoritätspersonen verlieren
  »Ich darf auf ruhige und bestimmte Art mit Menschen jeden Ranges sprechen.«
- Sich in Gruppen selbstbewusster verhalten
  »Ich bin ein gleichwertiges Mitglied dieser Gruppe und kann mich ruhig und gelassen mit allen unterhalten / ruhig und gelassen meine Kommentare abgeben.«
- Gelassenener im Umgang mit dem anderen Geschlecht werden
  »Ich freue mich daran, meine Umwelt mit Männern / Frauen zu teilen. Ich kann lernen, Gespräche mit Männern / Frauen zu genießen.«
- Ruhiger mit den eigenen Kindern umgehen
  »Ich kann lernen, meine Kinder zu schätzen und mit Faszination zu erleben.«
- Liebevoller mit dem Partner umgehen

»Die Einzigartigkeit meines Partners fasziniert mich von Tag zu Tag mehr und ich entdecke all seine/ihre positiven Seiten neu.«

- Sich schwierigen Menschen gegenüber besser durchsetzen
  »Ich habe ein Recht darauf, unangemessene Forderungen abzulehnen.«

Ziel-Kategorie L

- Ein besseres Gedächtnis
  »Mein Erinnerungsvermögen steigert sich von Tag zu Tag.«
- Berufliche Leistung verbessern
  »Ich lerne leicht und schnell und kann Neues mühelos in die Tat umsetzen.«
- Sportliche Leistung verbessern (z. B. Tennis)
  »Mein Aufschlag wird von Tag zu Tag präziser und kraftvoller.«
- Künstlerische Leistung verbessern
  »Ich genieße es, die Entfaltung meines vollen Potenzials auszuschöpfen.«
- Sich besser konzentrieren
  »Meine Konzentration steigert sich von Tag zu Tag. Ich gehe vollkommen in der faszinierenden Materie auf, die ich gerade bearbeite.«
- Mehr Geld verdienen
  »Ich verdiene es, für meine Arbeit gut bezahlt zu werden. Ich erstrebe und erziele ein außerordentliches Einkommen.«
- Sich trauen, etwas Neues zu lernen
  »Man kann alles lernen. Ich auch.«

Ziel-Kategorie K

- Fitter werden
  »Körperliche Tätigkeit macht mir großen Spaß. Mit jedem Tag gewinne ich an Kraft und Energie.«

- Schlanker werden
  »Mit jedem Tag lasse ich mehr und mehr meiner überflüssigen Pfunde los.«
- Zunehmen
  »Mein Körper lernt jetzt in aller Ruhe, mehr Nahrung zu sich zu nehmen und Reserven anzulegen.«
- Eine Krankheit bekämpfen/von einer Krankheit genesen
  »Alle natürlichen Heilkräfte meines Körpers arbeiten Tag und Nacht stetig und beständig an meiner Genesung.«
- Eine Operation gut überstehen
  »Mein Körper öffnet sich leicht und schnell wenn nötig und verheilt hinterher ebenso schnell.«
- Nach einem Unfall schneller gesunden
  »Mein Heilungsprozess schreitet sicher und schnell voran.«

Ziel-Kategorie S

- Ruhiger werden/Stress überwinden
  »Ich behalte meine Ruhe, egal was kommt.«
- Ausspannen lernen
  »Ich kann lernen, leicht und schnell abzuschalten. Ich lasse los, was ich nicht mehr brauche.«
- Eine Phobie überwinden (z. B. Spinnen)
  »Ich gewöhne mich jeden Tag mehr daran, bei dem Gedanken an Spinnen ruhig und gelassen zu bleiben.«
- Weniger ängstlich werden
  »Ich werde immer vergesslicher, wenn es darum geht, mir Sorgen zu machen.«

Ziel-Kategorie G

- Ein eigenes Geschäft aufbauen
  »Ich arbeite mit Entschlossenheit am Aufbau meines Geschäfts. Ich bin zäh und ausdauernd, und der Erfolg ist mir sicher.«

- Freiberuflich arbeiten
  »Ich werde von Tag zu Tag selbstständiger und selbstsicherer. Ich bin aktiv und lernbereit, und der Erfolg ist mir sicher.«
- Eine Weltreise machen
  »Ich setze alle meine Kräfte ein. Mein Einfallsreichtum führt mich auf den richtigen Weg, meinen Wunschtraum wahr zu machen.«
- Den Beruf wechseln
  »Ich lasse Altes los und wende mich Neuem zu. Ich lerne leicht und schnell, ich arbeite mit Ausdauer und der Erfolg ist mir gewiss.«

Auch nützlich sind folgende allgemeine Affirmationen:
»Man kann alles lernen.«
»Ich bin wichtig.«
»Ich verdiene Erfolg.«
»Ich bin es mir wert, mein Ziel mit Ausdauer zu verfolgen.«
»Ich freue mich auf all das Gute, das durch meine Bestrebungen entsteht.«
»Es wendet sich alles zum Guten.«
»Meine Begeisterung macht mich zum Gewinner.«
»Ich ziehe Gutes/Erfolg an wie ein großer Magnet.«
»Ich halte mit Leichtigkeit durch, bis ich mein Ziel erreicht habe.«
»Es geht alles einfacher, als man zuerst denkt.«

Jetzt sind Sie wieder dran. Welche Affirmationen können Sie erstellen, die zu Ihrem Ziel passen? Erstellen Sie mindestens eine Affirmation, wenn es geht zwei, und notieren Sie sie.
Achtung: Denken Sie daran, Ihre Affirmationen mit geschlossenen Augen auf ihre Wertigkeit zu prüfen (siehe Regel 5, Seite 84)!

Mein Ziel lautet:

____

____

Meine Affirmation/en lautet/lauten:

____

____

Die Vorstellungskraft einsetzen

HINWEIS
Dieses Kapitel ist für alle Ziel-Kategorien relevant und sollte von allen Lesern durchgearbeitet werden.

Wir haben gerade gesehen, wie Worte und Sätze unser Unterbewusstsein beeinflussen können. Jetzt wollen wir uns den Mentalbildern zuwenden. Die bildhafte Vorstellungskraft ist eine ausgesprochen wirkungsvolle Art, unsere Gefühle, Handlungsweisen und Erfolgschancen günstig zu beeinflussen. Was wir uns wiederholt bildlich vor Augen führen, verwirklicht sich letztendlich, und das gilt sowohl für positive als auch für negative Vorstellungen.

Wenn wir uns etwas bildhaft vorstellen, dann sehen wir es vor unserem inneren Auge. Wir praktizieren das ganz selbstverständlich jeden Tag, ohne uns dessen bewusst zu sein. Testen Sie es einmal bei jemand anderem.

Übung

Das Mentalbild

1. Bitten Sie eine/n Freund/in, Ihnen sein/ihr Wohnzimmer zu beschreiben, während sie beide sich nicht in diesem Wohnzimmer aufhalten.
2. Fragen Sie auch nach Einzelheiten, wie zum Beispiel der Farbe des Sofas, und beobachten Sie genau, wie Ihr Gegenüber auf diese detaillierten Fragen mit Kopf, Augen und Händen reagiert.

Woran merken Sie, dass Ihr Gegenüber etwas beschreibt, das nicht da ist, das also nur als Mentalbild im Kopf vorhanden ist?

____

____

____

____

Sie werden sehen, wie der Betreffende entweder wegschaut und ins Leere starrt, oder Sie ansieht, aber quasi durch Sie hindurch guckt, während er ein Zimmer beschreibt, das er nur in seiner Vorstellung sehen kann. Möglicherweise dreht er auch seinen Kopf in verschiedene Richtungen oder deutet mit den Händen, während er beschreibt, an welchem Platz die Möbel in seinem Wohnzimmer stehen. In diesem Moment betrachtet er sein Wohnzimmer in seiner Fantasie – daher der abwesende Blick.

Fragen Sie nach der Farbe des Sofas und beobachten Sie, wie der andere auf einen Punkt auf dem Boden oder an der Wand starrt, während er innerlich sein Sofa vor Augen hat, wobei er vielleicht sogar die Augen zusammenkneift, um die Farbe besser »sehen« zu können. Er sieht also etwas, das sich in Wirklichkeit nicht im Raum befindet und nur als Bild in seiner Fantasie existiert.

Wir alle haben Mentalbilder in unserem Kopf von Dingen, die wir kennen, und wir können uns diese Mentalbilder innerlich jederzeit ansehen, selbst wenn wir diese Gegenstände in Wirklichkeit gar nicht vor uns haben. Diesen Vorgang nennen wir Visualisieren.

Ein Mentalbild zu betrachten kann anders sein als »normales« Sehen. Während wir im Alltag Dinge sehr deutlich und klar umrissen mit eindeutigen Farben sehen, können wir Mentalbilder vielleicht nur verschwommen und schemenhaft wahrnehmen.

Übung

Gehen Sie gedanklich spazieren

Schließen Sie die Augen und denken Sie an ein Gebäude, das Sie gut kennen, vielleicht an das Haus, in dem Sie wohnen, oder an das Gebäude, in dem Sie arbeiten. Sehen Sie innerlich den Eingang vor sich, gehen Sie in Gedanken in das Gebäude hinein, laufen Sie durch verschiedene Räume, betrachten Sie die Möbel. Gibt es Bilder an der Wand? Wo hängen sie? Was ist auf den Bildern dargestellt?

Denkpause

Sind Ihre Mentalbilder scharf umrissen oder eher verschwommen, wenn Sie sich etwas gedanklich in Ihrem Kopf ansehen?

Nur wenige Menschen sehen innerlich ein wirklichkeitstreues, scharf eingestelltes Bild. Erwarten Sie also bitte nicht, dass Sie so etwas wie eine Farbfotografie in Ihrem Kopf sehen. Wenn Sie allerdings zu den Leuten gehören, die Mentalbilder ganz scharf und wirklichkeitstreu visualisieren können, dann herzlichen Glückwunsch! Gehören Sie aber nicht zu den Auserwählten, dann machen Sie sich nichts daraus; es ist nicht nötig, ein total scharfes Bild vor Ihrem geistigen Auge entstehen zu lassen. Solange Sie jemand anderem beschreiben können, was Sie sich vorgestellt haben, reicht Ihre Visualisierungsfähigkeit für das Positive Denken völlig aus.

TIPPS

- Wenn Sie noch Schwierigkeiten mit dem Visualisieren haben, dann nehmen Sie sich doch einfach ein bisschen Zeit, sich das fragliche Gebäude in *Wirklichkeit* anzusehen. Schauen Sie es sich in allen Einzelheiten an. Auf welcher Seite ist das Türschloss? Was sehen Sie als Erstes, wenn Sie das Gebäude betreten? – Wenn Sie all diese Einzelheiten einmal in Wirklichkeit sorgfältig betrachtet haben, wiederholen Sie die Übung noch einmal und kontrollieren Sie, ob sie Ihnen jetzt leichter fällt.

- Sollten Sie immer noch Probleme haben, dann vereinfachen Sie sich das Ganze noch weiter, indem Sie Ihre Vorstellungskraft an alltäglichen Gegenständen trainieren. Betrachten Sie zum Beispiel Ihre Armbanduhr, Ihr Telefon, ein gerahmtes Bild oder einen bestimmten Sessel im Zimmer und lassen Sie sich Zeit, sich wirklich einige Minuten ganz auf das genaue Anschauen zu konzentrieren. Schließen Sie dann die Augen und versuchen Sie jetzt, sich an die Einzelheiten des Gegenstandes zu erinnern. Wenn Sie alle Details innerlich »gesehen« haben, öffnen Sie die Augen und prüfen Sie, ob Ihr Mentalbild genau war oder ob Sie etwas vergessen haben. Sie werden sich wundern, wie wenig Sie über Dinge wissen, die Sie jeden Tag vor Augen haben.

Nachdem Sie einige Vorübungen gemacht haben, wollen wir uns anschauen, wie wir die geistige Vorstellungskraft im Zusammenhang mit dem Positiven Denken nutzen können.
Erinnern Sie sich noch daran, wie Sie sich fühlten, als Sie an eine angenehme Situation dachten (Positiv-Übung auf Seite 40)? Sie fühlten sich entspannter und merkten vielleicht sogar, dass allein das *Denken* an etwas Angenehmes ein körperliches und seelisches Wohlgefühl aufkommen ließ. In der Positiv-Übung hatte ich Sie lediglich darum gebeten, an etwas Angenehmes zu *denken,* aber es ist sehr wahrscheinlich, dass Sie beim Gedanken daran diese positive Situation gleichzeitig visualisiert, das heißt vor Ihrem geistigen Auge gesehen haben.
Die Entspannung, die sich aus dem positiven Mentalbild ergab, zeigt uns, wie eng Körper und Geist zusammenarbeiten, wenn Sie etwas visualisieren. Wenn das Mentalbild positiv ist, reagiert der Körper auf positive Weise; ist das Mentalbild jedoch negativ, verspannt sich der Körper. Doch damit nicht

genug. Da Sie sich verspannen, blockieren Sie Ihren Bauch- und Brustbereich. Dadurch wird die Atmung »ängstlich«, und das heißt, dass nicht genug Sauerstoff ins Gehirn gelangt, sodass Sie nicht klar denken können, was die ganze Sache nur noch schlimmer macht. Sie machen dann viel eher Fehler, verspannen sich dadurch noch mehr, und der Teufelskreis geht wieder von vorne los.

Normalerweise ist es ziemlich einfach, beim Gedanken an ein angenehmes Mentalbild gute Gefühle zu erzeugen. Was ist aber, wenn Sie vor einer Situation Angst haben, Sie aber lieber genießen würden?

Sagen wir einmal, Sie hätten Angst vor gesellschaftlichen Situationen wie zum Beispiel Besprechungen bei der Arbeit. Jedesmal, wenn Sie in eine Besprechung müssen, werden Sie nervös, verspannen sich körperlich und sagen möglichst wenig, um nur keine Aufmerksamkeit auf sich zu lenken, und wenn die Besprechung vorbei ist, atmen Sie erleichtert auf.

Wenn ich jetzt von Ihnen verlangen würde, sich eine Besprechung bei der Arbeit geistig vorzustellen, während Sie zu Hause auf dem Sofa sitzen, dann würden Sie sich während dieser Visualisierung wahrscheinlich ziemlich ungemütlich fühlen. Auch hier macht sich wieder die enge Verbindung zwischen Kopf (= Gedanken) und Körper (= Gefühle) bemerkbar.

Damit Sie eine vormals Angst einflößende Situation mit einem angenehmen oder zumindest neutralen Gefühl verbinden können, müssen Sie sich desensibilisieren, das heißt, Sie müssen Ihrem Unterbewusstsein beibringen, auf die betreffende Situation neutral zu reagieren. Visualisierung ist ein ideales Werkzeug, um dieses Ziel zu erreichen.

Übung

Spüren Sie in sich hinein

Denken Sie noch einmal mit geschlossenen Augen an Ihr Ziel. Wie reagiert Ihr Körper? Wie reagieren Sie seelisch?

____

____

Wenn Sie eine positive seelische und körperliche Reaktion hatten, können Sie die nächste Übung überspringen und auf Seite 100 im Buch weitermachen.

Übung

Drei Schritte in den Bildschirm
Machen Sie es sich bequem und schließen Sie die Augen.

Entspannen Sie sich zunächst einmal mit Hilfe der Allmählichen Muskelentspannung von Seite 67.

1. Stellen Sie sich mit geschlossenen Augen vor, Sie hätten einen Bildschirm vor sich, auf dem Sie eine andere Person sehen können, die das von Ihnen angestrebte Ziel erreicht hat und sich jetzt an den guten Resultaten freut.

Schauen Sie sich diesen Film mindestens dreimal hintereinander an, bevor Sie die Übung beenden.

Wiederholen Sie diese Übung so lange, bis Sie sich beim Zusehen richtig wohl fühlen. Machen Sie dann folgendermaßen weiter:

2. Nachdem Sie sich entspannt haben, sehen Sie sich den Film wieder an, aber ersetzen Sie diesmal die unbekannte Person im Film durch sich selbst. Seien Sie aber nicht im Film, sondern bleiben Sie der *außenstehende Beobachter*, der sich im Film agieren sieht.

Schauen Sie sich diesen Film mindestens dreimal hintereinander an, bevor Sie diese Übung beenden.

Wiederholen Sie diese Übung jeden Tag, bis Sie sich dabei wohl fühlen.

3. Jetzt können Sie selbst in die Handlung im Bildschirm einsteigen. Stellen Sie sich vor, Sie gingen in den Bildschirm hinein und erlebten alles so, als würde es jetzt gerade passieren. Durchlaufen Sie den Film mehrere Male und kosten Sie die guten Gefühle voll aus, die sich durch das Erreichen Ihres Zieles ergeben haben. Malen Sie sich dabei Ihren Erfolg in den schillerndsten Farben aus.

Wiederholen Sie diese Übung jeden Tag, bis Sie sich ganz und gar entspannt dabei fühlen.

Claudia (26) hatte Angst davor, auf der Autobahn zu fahren. Sie entspannte sich zunächst einmal mit der Harmonischen Atemübung und der Allmählichen Muskelentspannung und stellte sich dann vor ihrem geistigen Auge vor, wie sie einer Frau im Bildschirm zuschaute, die ruhig und gelassen die Autobahn entlangfuhr.

Nachdem sie sich diesen Film in Ruhe ansehen konnte, stellte sie sich vor, sie selber sei die Frau im Film. Da sich Claudia nach wie vor als außenstehende Beobachterin außerhalb des Bildschirms befand, konnte sie auch bei dieser Vorstellung ruhig bleiben. – Schließlich arbeitete sie mit der Vorstellung, in den Bildschirm hineinzugehen und sich im Geiste selber ans Steuer zu setzen. Als das schließlich auch gut klappte, gelang es ihr, auch in Wirklichkeit in aller Ruhe die Autobahn entlangzufahren.

TIPPS

- Wenn Sie sich bei dem Gedanken an Ihr Ziel unwohl fühlen, dann ist es ganz wichtig, dass Sie sich gut entspannen, bevor Sie die Übung »Drei Schritte in den Bildschirm« machen. Verwenden Sie viel Zeit auf diese anfängliche Entspannung, sonst können Sie das entspannte Gefühl nicht mit Ihrem Ziel koppeln.
- Wenn Sie die Übung erfolgreich zu Ende gebracht haben, dann müssen den Gedanken auch Taten folgen. Die schönste Visualisierung nützt nichts, wenn sie nicht in Wirklichkeit getestet wird. Fangen Sie dabei ruhig mit kleinen Schritten an. Claudia fing erst mit einer belebten Landstraße an, bis sie sich schließlich auf die Autobahn traute. Zunächst übte sie zu einer Tageszeit, zu der wenig los war, und ging erst später dazu über, während der Stoßzeiten zu fahren.

Wenn Sie die Übung »Drei Schritte in den Bildschirm« zum Abschluss gebracht haben und jetzt bei dem Gedanken an Ihr Ziel ein neutrales oder gutes Bauchgefühl haben, dann machen Sie mit folgender Übung weiter.

Übung

Das erreichte Ziel visualisieren

1. Setzen oder legen Sie sich bequem zurück und schließen Sie die Augen.
2. Stellen Sie sich jetzt vor, wie es ist, wenn Sie Ihr Ziel erreicht haben.
   Haben Sie vor Autoritätspersonen Angst, dann sehen Sie sich ruhig und gelassen mit Ihrem Vorgesetzten sprechen.
   Wollen Sie Ihr eigenes Geschäft aufmachen, dann sehen Sie sich erfolgreich mit Kunden verhandeln.
   Haben Sie Gesundheitsprobleme, dann sehen Sie sich fröhlich und kraftvoll das Leben genießen und alltägliche Dinge tun.

Wie fühlen Sie sich bei dieser Visualisierung? Notieren Sie im Anschluss an die Übung kurz Ihre Gefühle.

____

____

____

____

Diese letzte Übung hat eine starke Wirkung auf Motivation und Durchhaltevermögen und sollte darum jeden Tag mehrmals durchgeführt werden.

Fortschritte erkennen

HINWEIS
Dieses Kapitel ist für alle Ziel-Kategorien relevant und sollte von allen Lesern bearbeitet werden.

Gerade, wenn Ihr Ziel nicht von heute auf morgen zu erreichen ist, gewinnt oft die Ungeduld die Oberhand. »Das schaffe ich sowieso nie«, sagt sich derjenige, der nach einer Woche Visualierungsübungen und positiven Affirmationen noch immer nicht das Selbstbewusstsein hat, mit dem Chef über eine Gehaltserhöhung zu sprechen. Oder derjenige, der mit dem Rauchen aufhören wollte, sagt sich vielleicht: »Jetzt habe ich doch wieder eine Zigarette geraucht, obwohl ich doch heute endlich ganz aufhören wollte.«
Dabei übersehen wir aber oft, dass wir bereits einige Fortschritte auf dem Weg zu unserem Ziel gemacht haben. Die Angestellte, die ihrem Chef gegenüber selbstbewusster auftreten möchte, hat zwar noch nicht die Gehaltsfrage angesprochen, sich dafür aber immerhin schon bei einer schwierigen Kollegin durchsetzen können. Das Selbstbewusstsein hat sich also bereits gebessert.
Der Raucher, der sich heute über die eine gerauchte Zigarette ärgert, ist ebenso auf dem Weg der Besserung, wenn er noch vor zwei Wochen eine ganze Schachtel Zigaretten pro Tag verqualmt hatte.
Wir sind uns selbst gegenüber oft sehr hart und kritisch. Andere Leute dürfen sich in aller Ruhe schrittweise weiterentwickeln, aber wenn wir selber etwas erreichen wollen, dann muss es möglichst sofort und perfekt passieren, sonst sind wir eine Niete.
Diese negative Selbsteinschätzung bringt uns aber nicht weiter, ganz im Gegenteil. Sie verhindert eher, dass wir weitere

Fortschritte machen, und lässt uns aufgeben, wenn wir schon die Hälfte des Weges geschafft haben.
Statt sich über die 40 Prozent zu ärgern, die man noch nicht geschafft hat, tut man besser daran, sich über die 60 Prozent zu freuen, die man schon erreicht hat. Selbstverständlich darf man ruhig darüber nachdenken, warum der nächste Schritt in Richtung Ziel noch nicht so recht gelungen ist. Das ist aber nicht das Gleiche, als sich dafür fertig zu machen!
Um bei der Stange zu bleiben, kann es sehr hilfreich sein, sich einmal zu überlegen, welche Zwischenerfolge zeigen, dass man sich erfolgreich auf sein Ziel zubewegt. Die Angestellte, die auf eine Gehaltserhöhung hinauswill, könnte sich zum Beispiel folgende Liste mit Zwischenerfolgen machen.

Ziel-Kategorie U

Ich wüsste, dass ich selbstbewusster werde, wenn

- ich nicht mehr jeden Abend als Letzte nach Hause ginge;
- ich nachts nicht so oft wach läge und mir Sorgen machte, was andere Leute über mich denken;
- ich freundlich aber bestimmt ablehnte, wenn meine Kollegin wieder Arbeit auf mich abzuwälzen versucht;
- ich meinen Mann öfter bäte, im Haushalt mitzuhelfen.

All diese Zwischenziele haben nichts direkt mit dem eigentlichen Ziel zu tun, eine Gehaltserhöhung anzusprechen, und doch zeigen sie an, dass eine positive Selbstentwicklung im Entstehen ist. Es fällt der Angestellten vielleicht wesentlich leichter, abends pünktlich nach Hause zu gehen, als die Bitte der faulen Kollegin abzulehnen, aber trotzdem gilt das rechtzeitige Nachhausegehen als *Fortschritt.* Schließlich würden wir ja auch keinen Sechsjährigen gleich aufs Gymnasium schicken. Erst die leichteren Ziele, dann die etwas schwierigeren.

Schauen Sie sich jetzt bitte ein Beispiel für Zwischenerfolge an, das sich auf Ihre Ziel-Kategorie bezieht (für Kategorie U hatten wir gerade eines). Auf Sie unzutreffende Beispiele können Sie überspringen.

Ziel-Kategorie A

Ich wüsste, dass ich dem Rauchen langsam Herr werde, wenn

- ich nicht mehr im Haus rauchte;
- ich angebotene Zigaretten öfter ablehnte;
- ich beim Telefonieren nicht mehr rauchte;
- ich nach dem Essen nicht mehr rauchte;
- ich weniger als meine 20 Zigaretten am Tag rauchte.

Ziel-Kategorie L

Ich wüsste, dass sich mein Gedächtnis verbessert, wenn

- ich einen Abschnitt im Buch nicht mehr zweimal lesen müsste, um zu wissen, was ich gerade gelesen habe;
- ich auch noch am nächsten Tag wüsste, was in dem Abschnitt stand;
- ich mich etwas länger als bisher auf meine Arbeit konzentrieren könnte;
- es mir leichter fallen würde, Gelesenes / Gelerntes korrekt mündlich wiederzugeben.

Ziel-Kategorie K

Ich wüsste, dass ich auf ein besseres Gewicht zusteuere (Abnehmen), wenn

- ich nicht mehr zwischen den Mahlzeiten essen würde;
- ich mir kleinere Portionen nähme;
- ich auch mal etwas auf dem Teller lassen könnte, wenn ich satt bin;
- ich weniger Süßigkeiten kaufte / äße.

Ich wüsste, dass ich auf ein besseres Gewicht zusteuere (Zunehmen), wenn

- ich etwas größere Portionen essen könnte;
- ich mit mehr Genuss essen könnte;
- ich mich aufs Essen freute:
- mir mehr Sachen schmecken würden und nicht nur ganz bestimmte Speisen.

Ziel-Kategorie S

Ich wüsste, dass ich angstfreier bin, wenn

- ich morgens weniger nervös aufwachte;
- ich erst kurz vor einem Ereignis nervös würde und nicht schon tagelang vorher;
- ich keine Magenschmerzen mehr hätte;
- meine Angst in abgemilderter Form aufträte, obwohl sie vorher sehr stark war;
- ich nicht mehr so oft aus Nervosität auf die Toilette müsste.

Ziel-Kategorie G

Für größere Lebensziele sollte die Zwischenerfolgs-Liste aus ganz konkreten Tatsachen bestehen und Gefühle ausklammern.

Ich wüsste, dass ich auf dem richtigen Weg bin, mein eigenes Geschäft aufzubauen, wenn

- ich meine Marktforschungsdaten ausgewertet hätte;
- ich ein Darlehen arrangiert hätte;
- ich geeignete Büroräume / Ladenflächen gefunden hätte.

Für alle Zwischenerfolgspunkte ist es wichtig, die Punkte so konkret wie möglich zu formulieren. Genau wie bei der Auswahl Ihres Hauptziels (siehe Seite 19) nützt es Ihnen wenig, wenn Sie als Zwischenerfolg aufschreiben: »Ich fühle mich wohler.« Diese Formulierung ist zu vage. Fragen Sie sich stattdessen lieber, was anders wäre, wenn Sie sich wohler fühlten, denn dann haben Sie Ihren klaren Zwischenerfolg.

Ziel-Kategorie U
Ich wüsste, dass ich mich in Gruppen selbstbewusster verhalte, wenn

Falsch: ich mich wohler fühlte

Richtig: ich auch einmal jemanden in der Gruppe anspräche und nicht immer nur darauf wartete, von anderen angesprochen zu werden.

Übung

Wann nähern Sie sich Ihrem Ziel?
Und jetzt sind wieder Sie dran! Woran würden Sie merken, dass Sie sich Ihrem Ziel nähern?

Ich wüsste, dass ich mich meinem Ziel nähere, wenn

____

____

____

____

____

____

____

Sich selber loben

HINWEIS
Wenn es Ihnen leicht fällt, eigene Leistungen anzuerkennen, dann können Sie dieses Kapitel auslassen und gleich mit dem Erfolgs-Tagebuch ab Seite 110 beginnen.

In der Kindheit lernen wir oft, dass es zwar in Ordnung ist, wenn andere uns loben, dass es aber falsch und angeberisch ist, sich selber zu loben – Eigenlob stinkt! Und es ist auch sicherlich richtig, dass es nichts Schlimmeres gibt als Menschen, die unablässig von sich selber reden und damit prahlen, was sie alles können.

Es gibt aber eine andere Art Eigenlob, die sehr positiv ist. Diese Art Lob findet innerlich statt, und zwar in Form von anerkennenden und liebevollen Gedanken sich selbst gegenüber. In der Kindheit helfen uns, wenn wir Glück haben, Eltern und Lehrer durch ermutigende und anerkennende Worte und spornen uns damit an, Neues zu lernen und auszuprobieren, sodass wir selbstständig werden können. Wenn wir dann ein Ziel erreicht haben, zum Beispiel Lesen lernen, dann werden wir gelobt. Das wiederum fördert unser Selbstwertgefühl, und je größer es ist, desto widerstandsfähiger sind wir, wenn einmal nicht alles nach Plan läuft.

Im späteren Leben sind wir dann aber auf uns selbst gestellt. Wir wohnen nicht mehr bei den Eltern, wir gehen unseren eigenen Beschäftigungen nach und es ist nicht immer jemand da, der uns anspornt, ermutigt oder lobt. Um aber glücklich zu sein, brauchen wir Anerkennung, und das heißt, dass wir sie uns jetzt selber geben müssen. Dazu müssen wir natürlich erst einmal etwas auf die Beine stellen, das Anerkennung verdient. Da Sie sich schon mit Hilfe dieses Buches ein Ziel gesteckt haben und angefangen haben, daran zu arbeiten, sind Sie also erst einmal aus dem Schneider!

Es ist natürlich ganz in Ordnung, sich selber Fehler einzugestehen und Mängel zu erkennen, doch muss das auf konstruktive Art geschehen. Es passiert nur allzu schnell, dass wir uns innerlich selber beschimpfen und heruntermachen, wenn etwas nicht wie geplant läuft. Durch diese beleidigenden inneren Selbstgespräche sinkt die Laune rapide auf den Nullpunkt, und dann hat man erst recht keine Lust mehr, sein Ziel weiter zu verfolgen. Selbstbeschimpfungen sind also nicht nur unangenehm, sondern auch nutzlos.
Und auch, wenn langsam Fortschritte in Richtung Ziel zu erkennen sind und besonders, wenn der Fortschritt nur relativ klein ist, drückt sich so mancher davor, sich innerlich selbst auf die Schulter zu klopfen und zu loben. Nur nicht zugeben, dass man etwas gut gemacht hat! Man könnte womöglich faul werden und sich auf seinen Lorbeeren ausruhen!
Aber wie schade. Wenn Sie sich nicht selber loben, dann versagen Sie sich das Glücksgefühl, das durch ein nettes Eigenlob entsteht. Warum soll der Weg zum Ziel denn keinen Spaß machen und von befriedigenden Gefühlen begleitet werden? Je mehr Spaß Sie haben, desto lieber arbeiten Sie weiter und desto besser halten Sie durch, wenn es mal nicht so glatt läuft.
Ich habe Ihnen im Folgenden zwei Listen mit Beispielsätzen erstellt, mit denen Sie sich loben oder ermutigen können. Sie können diese Listen auch gerne mit Ihren eigenen Ideen ergänzen.

Liste

Eigenlob
»Das hast du wirklich gut gemacht!«
»Das war nicht einfach heute, aber du hast dich mit Erfolg durchgekämpft. Alle Achtung!«

»Sagenhaft, wie du dich ins Zeug wirfst!«
»Herzlichen Glückwunsch. Eine tolle Leistung.«
»Was du heute geschafft hast, kann nicht jeder!«
»Es ist schon toll zu sehen, wie du dich in letzter Zeit gemacht hast.«
»Es ist eine Freude, wie gut du deine Sache machst.«

Liste

Selbstermutigung
»Das wird schon werden.«
»Mach dich morgen nochmal dran, dann wird es schon leichter gehen / besser klappen.«
»Rom wurde auch nicht in einem Tag erbaut. Mach weiter, dann kommst du auch ans Ziel.«
»Bleib am Ball. Dein Ziel ist wichtig und du kannst es erreichen.«
»Es macht gar nichts, wenn es nicht immer gleich glatt läuft. Mit dem Blick fest auf das Ziel gerichtet, kommst du ganz bestimmt an.«
»Mach weiter! Es ist nur eine Frage der Zeit, bis du es geschafft hast.«
»Zu jedem Problem gibt es eine Lösung, auch zu deinem.«

Lesen Sie sich beide Listen einige Male ganz in Ruhe durch. Welches Lob bzw. welche Ermutigung hat bei Ihnen das positivste Bauchgefühl hervorgerufen? Sie können auch ruhig verschiedene Sätze oder Satzteile miteinander kombinieren, wenn Sie wollen.

Schreiben Sie jetzt auf, welches Lob und welche Ermutigungsformel Sie für sich selber herausgesucht haben.

So möchte ich mich selber loben:

So möchte ich mich selber ermutigen:

Sie haben es geschafft! Sie haben jetzt das gesamte »Handwerkszeug« zusammen, um an Ihrem Ziel zu arbeiten. Fangen Sie heute noch mit Ihrem Erfolgs-Tagebuch an!

Das Erfolgs-Tagebuch

Das Erfolgs-Tagebuch beinhaltet Tagebuchseiten für vier Wochen. Sie sollten es folgendermaßen benutzen:
Füllen Sie zunächst die folgende Seite aus. Schreiben Sie noch einmal Ihre klare Zielformulierung auf, Ihre Affirmationen, Visualisierung und Zwischenziele.
Arbeiten Sie dann möglichst *jeden Tag* an Ihrem Ziel, indem Sie die Affirmationen dreimal täglich benutzen und die Visualierungsübung morgens nach dem Aufwachen und abends vor dem Einschlafen machen. Immer dann, wenn Sie an Ihrem Ziel gearbeitet haben, kreuzen Sie die entsprechende Rubrik an. So haben Sie einen Überblick, wie konsequent Sie bei der Sache sind.
Wenn Sie einmal einen Tag lang nichts für Ihr Ziel getan haben, dann machen Sie eben so bald wie möglich weiter. Ihre Erfolgschancen steigen, je öfter und regelmäßiger Sie Ihre Übungen machen.
Achten Sie von Anfang an auf kleine positive Veränderungen, die Ihnen beweisen, dass Sie sich Ihrem Ziel nähern. Tragen Sie diese Teilergebnisse unter der Rubrik »Ich habe heute folgende Fortschritte festgestellt« ein. Vergessen Sie bitte nicht, sich für Fortschritte zu loben, am besten gleich mehrmals am Tag!
Wenn es an manchen Tagen nicht so recht klappt, dann ermutigen Sie sich selber mit den von Ihnen ausgewählten Sätzen, am besten mehrmals täglich. Merke: Eigenlob macht stark, und Selbstermutigung macht Laune!
Und bitte immer daran denken: Einer positiven Visualisierung müssen Taten folgen! Nur an ein Ziel zu denken, ohne sich dafür auch aktiv einzusetzen, bringt Sie nicht weiter. Aus diesem Grunde finden Sie auch auf Ihren Erfolgs-Tage-

buchseiten die Rubrik »Ich habe heute folgenden praktischen Schritt in Richtung Ziel unternommen«.
Fangen Sie jetzt gleich an und machen Sie den heutigen Tag zum ersten auf dem Weg zu Ihrem Ziel! Und wenn es manchmal nicht so recht weitergehen will, dann lesen Sie eine der Erfolgsgeschichten im letzten Teil des Buches (Seite 141–162), um sich wieder Mut zu machen.

Mein Ziel lautet wie folgt:

____

Meine Affirmationen lauten wie folgt:

____

____

Meine positiven Zwischenschritte sehen folgendermaßen aus:

____

____

Ich lobe mich mit den folgenden Sätzen:

____

____

Ich ermutige mich mit den folgenden Sätzen:

____

____

1. Tag   Datum:

Affirmationen	morgens	❍
	tagsüber	❍
	abends	❍
Visualisierung	morgens	❍
	abends	❍

Ich habe heute folgenden praktischen Schritt in Richtung Ziel unternommen:

____

____

Ich habe folgende/n Fortschritt/e festgestellt:

____

____

Ich habe mich für meine/n Fortschritt/e gelobt ❍

Ich habe mich heute ermutigt ❍

Mein Plan für morgen:

____

____

____

____

2. Tag

Datum:

Affirmationen	morgens	❍
	tagsüber	❍
	abends	❍
Visualisierung	morgens	❍
	abends	❍

Ich habe heute folgenden praktischen Schritt in Richtung Ziel unternommen:

Ich habe folgende/n Fortschritt/e festgestellt:

Ich habe mich für meine/n Fortschritt/e gelobt ❍

Ich habe mich heute ermutigt ❍

Mein Plan für morgen:

3. Tag

Datum:

Affirmationen	morgens	❍
	tagsüber	❍
	abends	❍
Visualisierung	morgens	❍
	abends	❍

Ich habe heute folgenden praktischen Schritt in Richtung Ziel unternommen:

____

____

Ich habe folgende/n Fortschritt/e festgestellt:

____

____

Ich habe mich für meine/n Fortschritt/e gelobt ❍

Ich habe mich heute ermutigt ❍

Mein Plan für morgen:

____

____

____

____

4. Tag

Datum:

Affirmationen	morgens	❍
	tagsüber	❍
	abends	❍
Visualisierung	morgens	❍
	abends	❍

Ich habe heute folgenden praktischen Schritt in Richtung Ziel unternommen:

____

____

Ich habe folgende/n Fortschritt/e festgestellt:

____

____

Ich habe mich für meine/n Fortschritt/e gelobt ❍

Ich habe mich heute ermutigt ❍

Mein Plan für morgen:

____

____

____

____

5. Tag Datum:

Affirmationen	morgens	❍
	tagsüber	❍
	abends	❍
Visualisierung	morgens	❍
	abends	❍

Ich habe heute folgenden praktischen Schritt in Richtung Ziel unternommen:

____

____

Ich habe folgende/n Fortschritt/e festgestellt:

____

____

Ich habe mich für meine/n Fortschritt/e gelobt ❍

Ich habe mich heute ermutigt ❍

Mein Plan für morgen:

____

____

____

____

6. Tag

Datum:

Affirmationen	morgens	❍
	tagsüber	❍
	abends	❍
Visualisierung	morgens	❍
	abends	❍

Ich habe heute folgenden praktischen Schritt in Richtung Ziel unternommen:

____

____

Ich habe folgende/n Fortschritt/e festgestellt:

____

____

Ich habe mich für meine/n Fortschritt/e gelobt ❍

Ich habe mich heute ermutigt ❍

Mein Plan für morgen:

____

____

____

____

7. Tag

Datum:

Affirmationen	morgens	❍
	tagsüber	❍
	abends	❍
Visualisierung	morgens	❍
	abends	❍

Ich habe heute folgenden praktischen Schritt in Richtung Ziel unternommen:

Ich habe folgende/n Fortschritt/e festgestellt:

Ich habe mich für meine/n Fortschritt/e gelobt ❍

Ich habe mich heute ermutigt ❍

Mein Plan für morgen:

8. Tag — Datum:

Affirmationen	morgens	❍
	tagsüber	❍
	abends	❍
Visualisierung	morgens	❍
	abends	❍

Ich habe heute folgenden praktischen Schritt in Richtung Ziel unternommen:

___

___

Ich habe folgende/n Fortschritt/e festgestellt:

___

___

Ich habe mich für meine/Fortschritt/e gelobt ❍

Ich habe mich heute ermutigt ❍

Mein Plan für morgen:

___

___

___

___

9. Tag Datum:

Affirmationen	morgens	❍
	tagsüber	❍
	abends	❍
Visualisierung	morgens	❍
	abends	❍

Ich habe heute folgenden praktischen Schritt in Richtung Ziel unternommen:

____

____

Ich habe folgende/n Fortschritt/e festgestellt:

____

____

Ich habe mich für meine/n Fortschritt/e gelobt ❍

Ich habe mich heute ermutigt ❍

Mein Plan für morgen:

____

____

____

____

10. Tag

Datum:

Affirmationen	morgens	❍
	tagsüber	❍
	abends	❍
Visualisierung	morgens	❍
	abends	❍

Ich habe heute folgenden praktischen Schritt in Richtung Ziel unternommen:

Ich habe folgende/n Fortschritt/e festgestellt:

Ich habe mich für meine/n Fortschritt/e gelobt ❍

Ich habe mich heute ermutigt ❍

Mein Plan für morgen:

11. Tag Datum:

Affirmationen	morgens	❍
	tagsüber	❍
	abends	❍
Visualisierung	morgens	❍
	abends	❍

Ich habe heute folgenden praktischen Schritt in Richtung Ziel unternommen:

____

____

Ich habe folgende/n Fortschritt/e festgestellt:

____

____

Ich habe mich für meine/n Fortschritt/e gelobt ❍

Ich habe mich heute ermutigt ❍

Mein Plan für morgen:

____

____

____

____

12. Tag

Datum:

Affirmationen	morgens	❍
	tagsüber	❍
	abends	❍
Visualisierung	morgens	❍
	abends	❍

Ich habe heute folgenden praktischen Schritt in Richtung Ziel unternommen:

____

____

Ich habe folgende/n Fortschritt/e festgestellt:

____

____

Ich habe mich für meine/n Fortschritt/e gelobt ❍

Ich habe mich heute ermutigt ❍

Mein Plan für morgen:

____

____

____

____

13. Tag

Datum:

Affirmationen	morgens	❍
	tagsüber	❍
	abends	❍
Visualisierung	morgens	❍
	abends	❍

Ich habe heute folgenden praktischen Schritt in Richtung Ziel unternommen:

____

____

Ich habe folgende/n Fortschritt/e festgestellt:

____

____

Ich habe mich für meine/n Fortschritt/e gelobt ❍

Ich habe mich heute ermutigt ❍

Mein Plan für morgen:

____

____

____

____

14. Tag Datum:

Affirmationen	morgens	❍
	tagsüber	❍
	abends	❍
Visualisierung	morgens	❍
	abends	❍

Ich habe heute folgenden praktischen Schritt in Richtung Ziel unternommen:

____

____

Ich habe folgende/n Fortschritt/e festgestellt:

____

____

Ich habe mich für meine/n Fortschritt/e gelobt ❍

Ich habe mich heute ermutigt ❍

Mein Plan für morgen:

____

____

____

____

15. Tag Datum:

Affirmationen	morgens	❍
	tagsüber	❍
	abends	❍
Visualisierung	morgens	❍
	abends	❍

Ich habe heute folgenden praktischen Schritt in Richtung Ziel unternommen:

____

____

Ich habe folgende/n Fortschritt/e festgestellt:

____

____

Ich habe mich für meine/n Fortschritt/e gelobt ❍

Ich habe mich heute ermutigt ❍

Mein Plan für morgen:

____

____

____

____

16. Tag

Datum:

Affirmationen	morgens	❍
	tagsüber	❍
	abends	❍
Visualisierung	morgens	❍
	abends	❍

Ich habe heute folgenden praktischen Schritt in Richtung Ziel unternommen:

____

____

Ich habe folgende/n Fortschritt/e festgestellt:

____

____

Ich habe mich für meine/n Fortschritt/e gelobt ❍

Ich habe mich heute ermutigt ❍

Mein Plan für morgen:

____

____

____

____

17. Tag

Datum:

Affirmationen	morgens	❍
	tagsüber	❍
	abends	❍
Visualisierung	morgens	❍
	abends	❍

Ich habe heute folgenden praktischen Schritt in Richtung Ziel unternommen:

____

____

Ich habe folgende/n Fortschritt/e festgestellt:

____

____

Ich habe mich für meine/n Fortschritt/e gelobt ❍

Ich habe mich heute ermutigt ❍

Mein Plan für morgen:

____

____

____

____

18. Tag Datum:

Affirmationen morgens ❍
tagsüber ❍
abends ❍

Visualisierung morgens ❍
abends ❍

Ich habe heute folgenden praktischen Schritt in Richtung Ziel unternommen:

____

____

Ich habe folgende/n Fortschritt/e festgestellt:

____

____

Ich habe mich für meine/n Fortschritt/e gelobt ❍

Ich habe mich heute ermutigt ❍

Mein Plan für morgen:

____

____

____

____

19. Tag Datum:

Affirmationen	morgens	❍
	tagsüber	❍
	abends	❍
Visualisierung	morgens	❍
	abends	❍

Ich habe heute folgenden praktischen Schritt in Richtung Ziel unternommen:

____

____

Ich habe folgende/n Fortschritt/e festgestellt:

____

____

Ich habe mich für meine/n Fortschritt/e gelobt ❍

Ich habe mich heute ermutigt ❍

Mein Plan für morgen:

____

____

____

____

20. Tag

Datum:

Affirmationen	morgens	❍
	tagsüber	❍
	abends	❍
Visualisierung	morgens	❍
	abends	❍

Ich habe heute folgenden praktischen Schritt in Richtung Ziel unternommen:

____

____

Ich habe folgende/n Fortschritt/e festgestellt:

____

____

Ich habe mich für meine/n Fortschritt/e gelobt ❍

Ich habe mich heute ermutigt ❍

Mein Plan für morgen:

____

____

____

____

21. Tag

Datum:

Affirmationen	morgens	❍
	tagsüber	❍
	abends	❍
Visualisierung	morgens	❍
	abends	❍

Ich habe heute folgenden praktischen Schritt in Richtung Ziel unternommen:

____

____

Ich habe folgende/n Fortschritt/e festgestellt:

____

____

Ich habe mich für meine/n Fortschritt/e gelobt ❍

Ich habe mich heute ermutigt ❍

Mein Plan für morgen:

____

____

____

____

22. Tag Datum:

Affirmationen morgens ❍
tagsüber ❍
abends ❍

Visualisierung morgens ❍
abends ❍

Ich habe heute folgenden praktischen Schritt in Richtung Ziel unternommen:

____

____

Ich habe folgende/n Fortschritt/e festgestellt:

____

____

Ich habe mich für meine/n Fortschritt/e gelobt ❍

Ich habe mich heute ermutigt ❍

Mein Plan für morgen:

____

____

____

____

23. Tag

Datum:

Affirmationen	morgens	❍
	tagsüber	❍
	abends	❍
Visualisierung	morgens	❍
	abends	❍

Ich habe heute folgenden praktischen Schritt in Richtung Ziel unternommen:

____

____

Ich habe folgende/n Fortschritt/e festgestellt:

____

____

Ich habe mich für meine/n Fortschritt/e gelobt ❍

Ich habe mich heute ermutigt ❍

Mein Plan für morgen:

____

____

____

____

24. Tag

Datum:

Affirmationen	morgens	❍
	tagsüber	❍
	abends	❍
Visualisierung	morgens	❍
	abends	❍

Ich habe heute folgenden praktischen Schritt in Richtung Ziel unternommen:

Ich habe folgende/n Fortschritt/e festgestellt:

Ich habe mich für meine/n Fortschritt/e gelobt ❍

Ich habe mich heute ermutigt ❍

Mein Plan für morgen:

25. Tag

Datum:

Affirmationen	morgens	❍
	tagsüber	❍
	abends	❍
Visualisierung	morgens	❍
	abends	❍

Ich habe heute folgenden praktischen Schritt in Richtung Ziel unternommen:

Ich habe folgende/n Fortschritt/e festgestellt:

Ich habe mich für meine/n Fortschritt/e gelobt ❍

Ich habe mich heute ermutigt ❍

Mein Plan für morgen:

---

26. Tag Datum:

Affirmationen	morgens	❍
	tagsüber	❍
	abends	❍
Visualisierung	morgens	❍
	abends	❍

Ich habe heute folgenden praktischen Schritt in Richtung Ziel unternommen:

Ich habe folgende/n Fortschritt/e festgestellt:

Ich habe mich für meine/n Fortschritt/e gelobt ❍

Ich habe mich heute ermutigt ❍

Mein Plan für morgen:

27. Tag

Datum:

Affirmationen	morgens	❍
	tagsüber	❍
	abends	❍
Visualisierung	morgens	❍
	abends	❍

Ich habe heute folgenden praktischen Schritt in Richtung Ziel unternommen:

____

____

Ich habe folgende/n Fortschritt/e festgestellt:

____

____

Ich habe mich für meine/n Fortschritt/e gelobt ❍

Ich habe mich heute ermutigt ❍

Mein Plan für morgen:

____

____

____

____

28. Tag

Datum:

Affirmationen	morgens	❍
	tagsüber	❍
	abends	❍
Visualisierung	morgens	❍
	abends	❍

Ich habe heute folgenden praktischen Schritt in Richtung Ziel unternommen:

____

____

Ich habe folgende/n Fortschritt/e festgestellt:

____

____

Ich habe mich für meine/n Fortschritt/e gelobt ❍

Ich habe mich heute ermutigt ❍

Mein Plan für morgen:

____

____

____

____

Erfolgsgeschichten aus der Praxis

Der Weg zum Ziel ist nicht immer einfach, und so manches Mal ist Ihnen vielleicht danach, die Flinte ins Korn zu werfen. Die nachfolgenden Geschichten stammen aus meiner Praxis und sollen Ihnen helfen durchzuhalten, wenn Sie vielleicht gerade aufgeben wollen oder zweifeln, ob Sie Ihr Ziel je erreichen werden. Die Menschen, von denen ich Ihnen berichte, sind keine Helden und keine Übermenschen. Sie haben genau die gleichen Ängste und Zweifel wie Sie und ich, haben es aber trotzdem geschafft, trotz etlicher Rückschläge und Hindernisse, an ihr Ziel zu kommen. Lassen Sie sich also inspirieren!

Zielkategorie A

Das verflixte Kraut

Herr Zimmermann (36) wurde allmählich ungeduldig. Er hatte immer wieder versucht das Rauchen aufzugeben, aber das hielt er nie länger als drei Tage durch; dann wurde er wieder rückfällig. Mit dem Rauchen angefangen hatte er im Alter von 15 Jahren. »Mehrere meiner Freunde rauchten, und da wollte ich nicht nachstehen. Heute ärgere ich mich darüber, denn jetzt würde ich gerne damit aufhören, kann es aber nicht.«
Beruflich war Herr Zimmermann sehr erfolgreich. Er war Abteilungsleiter in einer großen Firma, mit guten Aussichten auf Beförderung. »Mein Beruf macht mir Spaß und ich stecke sehr viel Energie und Zeit in meine Karriere. Ich bin der jüngste Abteilungsleiter im Hause und habe das durch Zähigkeit und Fleiß geschafft. Ich verstehe einfach nicht, warum ich nicht die gleiche Zähigkeit aufbringen kann, wenn es darum geht, das Nichtrauchen durchzuhalten.«
Ich erklärte Herrn Zimmermann zunächst einmal, dass ihm

seine Willenskraft bei seinem Vorhaben, Nichtraucher zu werden, eher hinderlich als behilflich sei. Angewohnheiten sitzen oft sehr fest, einerseits, weil man sie schon seit Jahren pflegt, andererseits, weil sie dem Betroffenen auf emotionaler oder körperlicher Ebene einen Nutzen bringen.

Herr Zimmermann war nicht überzeugt. »Ich sehe ja ein, dass 20 Jahre Rauchen eine lange Zeit sind, aber einen Nutzen bringt es mir nicht. Schließlich ärgere ich mich jeden Abend, dass ich schon wieder eine ganze Packung geraucht habe!« Als wir uns dann aber über seinen Tagesablauf unterhielten, stellte sich heraus, dass Herr Zimmermann oft dann zur Zigarette griff, wenn es in der Firma hoch herging oder er wichtige Entscheidungen zu treffen hatte. Die indirekte Funktion der Zigaretten bestand also darin, dass er klarer denken konnte, um so die anstehenden Probleme schneller und besser in den Griff zu bekommen.

Viele Raucher glauben, Zigaretten verschafften ihnen Entspannung oder eine bessere Konzentration. Das stimmt in gewisser Hinsicht auch, nur dass es nicht die Zigaretten selbst sind, die diesen positiven Effekt erzielen, sondern vielmehr das mit dem Inhalieren verbundene richtige Atmen (siehe Seite 66). Ich bat Herrn Zimmermann darum, einen Moment lang die Augen zu schließen und sich im Geiste vorzustellen, wie er mit angezündeter Zigarette im Mund inhalierte. Erwartungsgemäß hob sich dabei sowohl sein Brust- als auch sein Bauchbereich ganz deutlich.

Für Herrn Zimmermann war es also wichtig zu lernen, wie er Entspannung auf konstruktivere Weise herstellen konnte, denn nur dann würde es ihm gelingen, auf immer Nichtraucher zu werden. Das Unterbewusstsein stellt immer sicher, dass wir das haben, was wir brauchen, und wird uns nicht erlauben, eine Sache aufzugeben, die einen seelischen Nutzen für uns hat. Aus diesem Grunde war es Herrn Zimmermann bis jetzt auch nicht gelungen, das Nichtrauchen durchzuhalten. Dazu musste er erst lernen, den Entspannungseffekt der Zigaretten auf andere Weise zu erzeugen.

Gemeinsam erstellten wir ein Programm für Herrn Zimmermann. Dazu gehörten das Harmonische Atmen (siehe Seite 66) sowie die Allmähliche Muskelentspannung (siehe Seite 67). Beim Ausprobieren der Atemübung stellte Herr Zimmermann sehr schnell einen eintretenden Entspannungseffekt fest. Bei der Allmählichen Muskelentspannung störte es ihn allerdings, die einzelnen Muskelgruppen anzuspannen, bevor er sie wieder entspannte. Wir änderten die Übung dahingehend, dass er nur ganz still dasaß und sich lediglich gedanklich auf die einzelnen Muskelgruppen konzentrierte. Dabei sollte er an einen Schwamm denken, der sich mit Wasser füllte. – Mit dieser abgeänderten Version kam er dann gut klar.

Nach der körperlichen Entspannung mussten jetzt noch Affirmationen folgen. Gemeinsam erarbeiteten wir die folgenden Sätze. »Ich bin völlig ruhig und entspannt. Mit jedem Tag verspüre ich größeren Widerwillen gegen das Rauchen. Es ist mir eine Erleichterung, Nichtraucher zu sein. Ich bin ruhig und entspannt und jeder Situation gewachsen.«

Mit diesen Übungen und Affirmationen gewappnet machte sich Herr Zimmermann ans Werk. Nach drei Monaten hatte ich eine Nachricht auf meinem Anrufbeantworter. »Ich rauche noch immer nicht und es geht ganz leicht!« Ein weiteres Jahr später kam ein anderer Klient in die Praxis, der mir von Herrn Zimmermann Grüße bestellen ließ. Er erzählte, dass Herr Zimmermann seit damals nicht wieder zu Zigaretten gegriffen hatte, obwohl es bei der Arbeit nach wie vor hoch herging.

Zielkategorie U
Der richtige Mann

Frau Kelzer (36) war seit vier Jahren geschieden und Mutter eines sechsjährigen Sohnes. Schon seit einiger Zeit wünschte sie sich eine neue Beziehung, hatte aber im Grunde ihres Herzens wenig Hoffnung. »Wer will mich schon? Eine 36-Jährige mit Kind und dicken Oberschenkeln!«, meinte sie halb im Spaß, als sie in ihre erste Beratungsstunde zu mir kam. Auf meine Frage, ob sie lieber schlanke Oberschenkel hätte oder einen Mann, der sie mit ihren (ihrer Meinung nach) zu dicken Oberschenkeln liebte, entschied sie sich lachend für den Mann.

Als Hausaufgabe sollte sich Frau Kelzer im Laufe der Woche einmal im Alltagsleben ansehen, wie die Frauen aussahen, die einen Partner hatten. Zur zweiten Sitzung kam Frau Kelzer mit der erleichternden Erkenntnis, dass man bei fast allen von ihr beobachteten Frauen etwas an der Figur aussetzen konnte, wenn man wollte.

Jetzt ging es darum, einen »Schlachtplan« für Frau Kelzer zusammenzustellen. Ich erklärte ihr zunächst, wie Affirmationen und Visualisierungen funktionierten. Dann testeten wir, welche Körperreaktionen ihr bestätigten, dass eine Affirmation für sie passte. Wir stellten auch fest, welche Bereiche sie mit ihrem Positiv-Denkprogramm abdecken musste. Da war zunächst einmal die Akzeptanz ihres eigenen Aussehens. Außerdem musste sie sich die Einstellung aneignen, dass ihr kleiner Sohn ein *Vorteil* und kein Nachteil bei der Partnerfindung war. Und zu guter Letzt sollte sie sich auf ihr Ziel konzentrieren, den richtigen Partner zu finden.

Für die einzelnen Teilbereiche erarbeitete sich Frau Kelzer folgende Affirmationen: »Ich akzeptiere mich selber voll und ganz. Ich schätze meinen Körper, so wie er ist.« »Mein Sohn ist ein bezauberndes Kind, und mein Traumpartner findet das

auch.« »Mein Traumpartner ist schon zu mir unterwegs. Ich freue mich auf ihn und begrüße ihn mit offenen Armen.«
Als Visualisierung stellte sie sich vor, von einem Mann lieb umarmt zu werden und dabei ein Gefühl der Wärme und Geborgenheit zu spüren. Sie nahm sich außerdem vor, einem Single-Klub beizutreten.
Eine ganze Zeit lang hörte ich nichts mehr von Frau Kelzer. Nach zehn Monaten schließlich kam ein Brief von ihr. Sie schrieb, dass sie seit zwei Monaten mit einem sehr netten Mann zusammen sei, der sie so mochte, wie sie war, und auch mit ihrem kleinen Sohn wunderbar auskam. »Ich muss ehrlich sagen, dass ich ein paar Mal drauf und dran war aufzugeben. Die meisten Männer, denen ich im Klub begegnet bin, waren einfach unpassend für mich. Aber ich habe trotzdem mit meinen Affirmationen weitergemacht, und als mir dann Rainer begegnete, merkte ich sofort, dass es sich ›richtig‹ mit ihm anfühlte. Ich bin froh, dass ich durchgehalten habe, und würde das Positive Denken jedem empfehlen.«
Frau Kelzer ist nun seit zwei Jahren glücklich verheiratet und erwartet zurzeit ihr zweites Kind.

Zielkategorie L

Die verschobene Doktorarbeit

Lydia (44) war Wirtschaftswissenschaftlerin und hatte beschlossen, nach Jahren in der Industrie doch noch zu promovieren. Über ihr Dissertationsthema wusste sie bereits durch ihre jahrelange Arbeitserfahrung sehr viel, doch jetzt musste sie noch weiter recherchieren und ihre These mit hieb- und stichfesten Beweisen untermauern. Zunächst war sie auch Feuer und Flamme für ihr Projekt. Doch dann traten Schwierigkeiten auf. »Ich glaubte, dass ich meine Dissertation relativ schnell schreiben könnte, aber mein Doktorvater machte mir einen Strich durch die Rechnung«, erzählte sie. Immer wieder

hatte er ihr neue Recherchearbeiten aufgetragen, die die Fertigstellung der Arbeit verzögerten.
Lydia war drauf und dran aufzugeben. Sie sah zwar ein, dass ihr Doktorvater Recht hatte mit dem, was er sagte, aber sie hatte schon so viel geändert und ergänzt, dass sie allmählich meinte, nie zum Ende zu kommen. Entsprechend lag die Arbeit auch schon seit Monaten unangetastet auf ihrem Schreibtisch. Gleichzeitig rückte aber der bereits zweimal verschobene Abgabetermin näher. Lydia wollte zwar so kurz vor dem Ziel nicht aufgeben; dennoch konnte sie sich nicht überwinden, die Arbeit wieder aufzunehmen. »Ich habe jetzt so lange nichts mehr daran getan, dass mir die Arbeit irgendwie fremd geworden ist. Wenn ich nur auf den Stapel Geschriebenes auf meinem Schreibtisch schaue, merke ich einen großen Widerwillen, fast als ob ich diese Arbeit hasste.«
Um diesen Widerwillen abzubauen, musste Lydia erst lernen, das bereits Geleistete wieder zu schätzen, statt es als missglückten Versuch zu betrachten. Dazu bat ich Lydia, ihre Vorstellungskraft zu Hilfe zu nehmen. Da sie viel gereist und kulturell interessiert war, schlug ich vor, sie solle sich mit geschlossenen Augen an einen Gegenstand erinnern, der wunderschön und kostbar war. Ganz spontan fiel ihr ein antikes Schmuckstück ein, das sie auf einer ihrer Reisen im Museum gesehen hatte. Sie beschrieb mit Begeisterung die feine Handarbeit des Schmuckstücks, die strahlenden Farben der Edelsteine und die graziösen Goldornamente.
Ich bat Lydia, an ihre Doktorarbeit zu denken und diese mit dem Schmuckstück zu vergleichen. Zwischen den beiden gab es sehr viele Ähnlichkeiten. Genau wie der Juwelier hatte auch Lydia ihr ganzes Fachwissen in ihre Arbeit gesteckt. Sie hatte sie aufgebaut, ausgefeilt und verfeinert. Sie hatte drei Jahre investiert, in denen sie sich ganz und gar diesem Projekt gewidmet hatte. Auch der Juwelier hatte sich viel Zeit

lassen müssen, um etwas besonders Edles zustande zu bringen. Die Sorgfalt, Geschicklichkeit und Liebe, mit der diese Arbeit verrichtet wurde, machte sie zu etwas Kostbarem, das man bewundern und dessen Anblick man genießen konnte. Lydias Dissertation verdiente genau die gleiche Bewunderung, da sie ebenfalls mit viel Fachwissen und Können ausgeführt worden war. Jetzt musste Lydia lediglich noch die letzten Feinheiten ausarbeiten, damit sie sich am vollendeten Werk erfreuen konnte.
Lydia beschloss, die Allmähliche Muskelentspannung (siehe Seite 67) auf Band aufzunehmen, um sich mit Hilfe dieser Übung in eine positivere geistige Verfassung zu versetzen. Gleichzeitig arbeitete sie zu Hause mit einer Visualisierung, bei der sie sich selber sah, wie sie ihre Arbeit zu Ende schrieb und sie bei ihrem Doktorvater abgab, der sie freudig nickend entgegennahm. Tagsüber benutzte sie auch immer wieder Affirmationen: »Meine Dissertation ist etwas ganz Besonderes. Sie ist ein Kunstwerk, das ich erschaffen habe. Ich bringe es jetzt zur Vollendung, und es geht ganz leicht.«
Nach einer Woche des Übens mit ihrem Erfolgs-Programm begann Lydia wieder an ihrer Arbeit weiterzuschreiben. Die Arbeit fiel ihr mit jedem Tag leichter, und da sie jetzt selber vom Wert ihrer Leistung überzeugt war, konnte sie ihren Standpunkt auch dem Doktorvater gegenüber besser vertreten. Es dauerte zwar noch acht Monate bis zur endgültigen Fertigstellung der Arbeit, aber Lydia ließ sich nicht mehr abbringen. Inzwischen ist ihr der Doktortitel verliehen worden.

Zielkategorie K
Die gebrochenen Knochen

An einem sonnigen Samstagnachmittag war Katrin (46) nach einem Besuch bei ihrer Mutter im Altersheim noch eine Weile durch die kleine Stadt gebummelt und war jetzt auf dem Weg zum Parkplatz, wo sie ihren Wagen abgestellt hatte. Sie überquerte die Straße auf einem Zebrastreifen und befand sich schon auf halbem Wege zur Verkehrsinsel in der Mitte, als ein Wagen in voller Fahrt auf sie zugeschossen kam. »Es ging alles so schnell, dass ich nicht einmal Zeit hatte Angst zu haben«, erzählte sie. »Ich fühlte einen Schlag in die Seite, dann einen zweiten, als ob der Wagen über mich drübergefahren wäre.« In Wirklichkeit war der erste Schlag der Aufprall des Wagens auf Katrins Körper gewesen, der zweite Schlag, als sie fünf Meter weiter auf die Fahrbahn geschleudert wurde und auf dem Boden aufprallte.

Im Krankenhaus stellte man schwere Verletzungen fest. Katrins rechtes Bein war an zwei Stellen gebrochen, das linke hatte an einer Stelle einen Knochenriss. Neben schweren Prellungen im Gesicht und Rippenbereich sowie einer Gehirnerschütterung war außerdem das rechte Schulterblatt an zwei Stellen gebrochen. Das rechte Bein musste in einer komplizierten Operation mit einer Stahlschiene zusammengeschraubt werden, die Schulter konnte nur ruhig gestellt werden. Für die unerträglichen Schmerzen, die Tag und Nacht anhielten, bekam Katrin im Krankenhaus Tabletten.

Die Prognose für ihre Schulter war nicht gut. Der behandelnde Arzt wies sie darauf hin, dass es unwahrscheinlich sei, dass sie jemals die volle Bewegungsfähigkeit zurückerlangen würde. Die Risse im Schulterblatt seien zu groß, als dass sich genug neue Knochenmasse bilden könne, um die Risse zu schließen. »Mit diesem Urteil wollte ich mich aber nicht zufrieden geben«, erzählte Katrin. »Ich war entschlossen, die volle Bewegungsfähigkeit meiner Schulter wiederherzustellen.« Als sie das dem Arzt sagte, schaute er sie nur ungläubig an und meinte, sie solle sich keine allzu großen Hoffnungen machen – der Schulterbereich heile nur schwer.

Dann kam der zweite Schlag. Der Unfallfahrer, der ursprünglich ein volles Schuldgeständnis abgelegt hatte, behauptete nun nach Rücksprache mit seiner Versicherung, dass Katrin die Straße fünf Meter vom Zebrastreifen entfernt und ohne nötige Vorsicht überquert habe und damit den Unfall selbst verschuldet habe. Er lehne damit jede Schadensersatzklage ab. Katrin hatte jetzt nicht nur die Sorge um ihre Gesundheit und Arbeitsfähigkeit, sondern darüber hinaus noch den Stress eines Gerichtstermines.

Nach der Operation musste Katrin noch wochenlang im Krankenhaus bleiben. Langsam arbeitete sie mit Hilfe der Physiotherapie und des Positiven Denkens ihrer Genesung entgegen. Sie war bestens vorbereitet, da sie kurz vor ihrem Diplom als Beraterin für Positives Denken stand!

Sie hatte sich mehrere Affirmationen zusammengestellt sowie eine Visualisierung für die Schulter und eine für das zweifach gebrochene Bein. Ihre Affirmationen lauteten: »Mein Körper heilt sich leicht und schnell« und »Meine Knochen stärken sich von Tag zu Tag«. Gleichzeitig stellte sie sich immer wieder bildlich vor, wie sich die Knochenmasse in ihrer Schulter vermehrte und sich die Risse allmählich füllten. »Das war nicht immer leicht«, gestand sie. »Die Schmerzen waren oft sehr stark und manchmal war ich nahe daran aufzugeben. Aber die Affirmationen und Visualisierungen haben mir Mut gemacht.«

Nach vier Monaten wurde die Schulter noch einmal geröntgt und die Aufnahmen mit denen direkt nach dem Unfall verglichen. Der Arzt war sehr erstaunt, als er sah, dass die Risse im Schulterknochen sichtbar weiter zusammengewachsen waren! – Nach einem Jahr hatte Katrin über 90 Prozent der Bewegungsfähigkeit ihrer Schulter wiedererlangt. Außerdem wurde der Fahrer des Unfallwagens später vor Gericht für schuldig befunden, da ein Zeuge die Aussagen Katrins unterstützte.

Zielkategorie S
Druck durch Erfolgszwang

Rolf (32) hatte eine neue Stelle angetreten, auf die er schon seit Jahren hingearbeitet hatte. In seiner alten Firma waren die Beförderungschancen nur gering gewesen, und darum hatte er sich anderweitig beworben. Der Stellenwechsel brachte auch die Notwendigkeit eines Umzugs mit sich, der für seine Kinder schwer war, da sie sich von Schulfreunden trennen mussten, mit denen sie von klein an zusammen gewesen waren. Seine Frau dagegen freute sich darauf, vom Lärm der Großstadt weg in eine ruhigere Vorstadtgegend zu ziehen. Außerdem hatten sie und Rolf beschlossen, endlich ein eigenes Haus zu kaufen.

In vieler Hinsicht übertraf die neue Stelle Rolfs Erwartungen. Man ließ ihm freie Hand, seine Position so zu gestalten, wie er es für richtig hielt, und man unterstützte ihn, wo immer man konnte. Trotzdem gab es auch einige unliebsame Überraschungen. Rolfs Vorgänger war wegen Amtsveruntreuung fristlos entlassen worden, und es hatte eine Weile gedauert, bis die Firma den richtigen Nachfolger gefunden hatte. Entsprechend war dann auch viel Arbeit unerledigt liegengeblieben. Darüber hinaus fiel jeden Tag eine Menge neue Arbeit an, da die Firma zur Zeit expandierte und immer mehr Aufträge aus dem Ausland eingingen, die möglichst zügig bearbeitet werden mussten. Rolf stellte schnell fest, dass er eigentlich die Arbeit zweier Leute verrichtete. Überstunden waren notwendig, wenn er sein tägliches Arbeitspensum auch nur annähernd schaffen wollte, und auch die Wochenenden mussten oft geopfert werden.

Aber es waren nicht nur die beruflichen Anforderungen, die bei Rolf Stress verursachten. Auch zu Hause gab es Schwierigkeiten. Seine Frau, die sich ursprünglich auf die Ruhe der Vorstadt gefreut hatte, fühlte sich jetzt doch zu isoliert, und

eines der Kinder, ein sensibler Junge, hatte in der Schule Schwierigkeiten. Rolfs Frau fühlte sich mit diesem Problem alleingelassen, da Rolf immer erst spät von der Arbeit nach Hause kam und dann nicht mehr für häusliche Probleme ansprechbar war.
»Ich bin eigentlich nur noch gereizt«, erklärte er. »Es wird mir alles zu viel. Im Moment kommt es mir vor, als hätte ich alles falsch gemacht: den Hauskauf, den Ortswechsel, die neue Stelle ... Die ganze Familie scheint unzufrieden und es gibt nur noch Probleme.« Rolf selber hatte wieder mit dem Rauchen angefangen und fühlte sich ständig müde und zerschlagen, weil er nachts nicht mehr richtig schlief. Außerdem fürchtete er um seine Ehe. »Renate hat ja Recht«, meinte er. »Ich sollte mich mehr um meine Familie kümmern, aber ich habe einfach nicht die Kraft dazu, wenn ich am Wochenende endlich einmal frei habe.«
Rolf musste lernen, sich gut und tief zu entspannen. Das fiel ihm nicht leicht. »Ich kann mich nur sehr schlecht konzentrieren, weil meine Gedanken immer so schnell zu den Alltagsproblemen abschweifen.« Trotzdem hielt er eisern durch und hörte sich die Entspannungskassette (siehe S. 72) jeden Morgen nach dem Aufwachen und jeden Abend vor dem Einschlafen an. Zusätzlich erstellten wir ihm die folgenden Affirmationen: »Ich bleibe ruhig und gelassen, egal was passiert. Ich atme ruhig und gleichmäßig und fühle mich wohl. Ich spüre, wie alle Probleme von mir abfallen. Ich schlafe nachts tief und fest und wache erfrischt auf.«
Fünf Tage lang veränderte sich nichts. Er war noch immer nervös, gereizt und konnte nachts nicht schlafen. Ich riet ihm, trotzdem gezielt mit der Kassette weiterzuarbeiten. Nach einer Woche tat sich langsam etwas. Sein Schlaf wurde besser und er hatte am Wochenende mehr Energie, um etwas mit seiner Familie zu unternehmen. Nach sechs Wochen war er

dann wieder »ganz der Alte«, wie mir seine Frau versicherte, als sie mich anrief, um sich zu bedanken, dass sie ihren Mann »wiederhabe«.

Zielkategorie G
Der große Wechsel

Daniel (35) hatte seit seinem 16. Lebensjahr bei seinem Vater im Baugeschäft mitgearbeitet und den Beruf von der Pike auf gelernt. Als sein Vater in den Ruhestand trat, führte er das Geschäft zusammen mit seinen zwei Brüdern weiter und verdiente gutes Geld dabei. Trotzdem fehlte ihm etwas – er fühlte sich durch seinen Beruf nicht ausgefüllt. Daniel las gerne und beschäftigte sich viel mit Philosophie und Esoterik. Nachdem er einmal einen Hypnosetherapeuten aufgesucht hatte, um an seinem mangelnden Selbstvertrauen zu arbeiten, entdeckte er sein Interesse an dieser Therapieform. Er schrieb sich zu einem Kurs ein, in dem er mehr über das Thema lernen wollte.

Seine Familie belächelte seine neuen Interessen. »Meine Mutter ist vor fünfzehn Jahren gestorben, und seither sind wir ein reiner Männerhaushalt«, berichtete Daniel. »Ich wohne zwar nicht mehr bei meinem Vater, aber wir sehen uns noch ziemlich oft. Mein Vater und meine Brüder sind eher Macho-Typen, die es ziemlich lächerlich finden, dass ich mich mit solchen Themen beschäftige.«

Durch seine Sitzungen in der Hypnosetherapie gestärkt, ließ sich Daniel aber nicht mehr von seinem Vorhaben abbringen, eine Ausbildung zum Hypnosetherapeuten anzufangen. Die gelegentlichen zynischen Bemerkungen seiner Familie steckte er gelassen weg. Neben seinem Studium arbeitete er auch weiterhin im Familiengeschäft weiter. Schließlich hatte er es geschafft und nahm stolz sein Diplom entgegen. Der Weg nach vorne stand ihm jetzt offen – er konnte seinen

Beruf wechseln. Und trotzdem zögerte er. Sollte er wirklich seine Mitarbeit im Baugeschäft und das damit verbundene sichere Einkommen aufgeben? Sollte er diesen großen Schritt wirklich wagen? Vielleicht sollte er lieber noch etwas damit warten ...
Er merkte selber, dass ihn Angst davon abhielt, eine grundlegende Änderung in seinem Leben vorzunehmen, obwohl er so lange darauf hingearbeitet hatte. »Mir ist auch nicht ganz geheuer vor der Verantwortung, die ich mit meinem neuen Beruf auf mich nehme«, erzählte er. »Wenn wir im Baugewerbe eine Mauer schief ziehen, können wir sie wieder abreißen. Wenn ich dagegen etwas bei der Behandlung eines Klienten falsch mache, kann das ernste Konsequenzen für das Wohlbefinden meines Klienten haben.«
Seine Ängste waren durchaus verständlich und mussten auch ernst genommen werden. Ich wies Daniel aber darauf hin, dass er ohnehin noch ein Jahr lang unter Supervision arbeiten müsse, sodass seine Sitzungen immer wieder überprüft würden. Als Hausaufgabe bekam er eine Visualisierungsübung sowie Affirmationen, die er mehrmals täglich wiederholen sollte. Bei der Visualisierung stellte er sich vor, wie er eine gutgehende Praxis hatte – er sah vor seinem geistigen Auge einen vollen Terminkalender. Er sah sich auch in Gedanken einen Klienten behandeln, der sich nach der Sitzung herzlich bei ihm bedankte, weil er sich jetzt so viel besser fühlte. Weiterhin stellte er sich vor, wie das Praxistelefon dauernd klingelte, weil so viele Menschen zu ihm in Behandlung kommen wollten. Seine Affirmationen zu diesen Gedankenbildern lauteten folgendermaßen: »Ich widme mich meinen Klienten mit Liebe und Sorgfalt. Mein Fachwissen steht mir jederzeit auf Abruf zur Verfügung. Ich arbeite mit Geschick und Sorgfalt und erziele ausgezeichnete Ergebnisse.«
Inzwischen ist Daniel ein erfolgreicher Hypnosetherapeut,

dessen Terminkalender tatsächlich voll ist. Über die Hälfte seiner neuen Klienten kommen durch Empfehlung zu ihm, und selbst seine Brüder haben ihre Skepsis aufgegeben. »Gestern fragte mein jüngster Bruder sogar, ob ich ihm helfen könnte, das Rauchen aufzugeben. Das nenne ich eine Kehrtwendung, wie sie im Buche steht!«, lachte Daniel.

Zielkategorie K
Die gut überstandene Operation

Frau Kaiser (37) hatte schon seit ein paar Jahren immer wiederkehrende Unterleibsprobleme. Da sie bereits zwei Kinder hatte, riet der Arzt ihr, sich einer Totaloperation zu unterziehen. Zunächst wollte Frau Kaiser nichts davon wissen. »Eine Totaloperation ist eine sehr radikale Angelegenheit«, meinte sie. »Ich mache mir Sorgen, wie es mir hinterher geht. Eine Freundin hatte vor sechs Monaten die gleiche Operation, und es ging ihr nicht nur direkt nach dem Eingriff sehr schlecht, sondern auch noch mehrere Wochen hinterher. Meine Kinder sind noch klein, und ich kann es mir nicht leisten, noch wochenlang nach der Operation in den Seilen zu hängen!«

Die Unterleibsprobleme hielten aber weiter an, und schließlich blieb Frau Kaiser keine Wahl mehr: Sie ließ sich einen Operationstermin geben. Vier Wochen vor der Operation kam sie zu mir. Sie hatte in einem Zeitungsartikel gelesen, dass der Heilungsprozess nach einer Operation erheblich beschleunigt werden kann, wenn der Patient während der Vollnarkose eine Kassette hört, auf der positive Affirmationen für eine schnelle Gesundung gespielt werden. »Wenn ich meinen Körper schon einer Vollnarkose aussetzen muss, dann will ich ihm wenigstens helfen, schnell darüber hinwegzukommen«, erklärte sie zu Beginn ihrer ersten Sitzung.

Zunächst machten wir eine Liste all der Dinge, die Frau Kaiser auf ihrer Kassette hören wollte. Die positiven Schlagworte, die sie sich aussuchte, waren »ruhig«, »gelassen«, »positiv«, »voller Energie«, »stark« und »schnelle Heilung«. Ich half ihr, diese Schlagwörter zu finden, indem ich sie bat sich vorzustellen, wie sie sich fühlen würde, wenn sie die Operation gut überstanden hätte. Frau Kaiser hatte die Augen geschlossen und sich gedanklich in diese Situation hineinversetzt. Es fiel ihr dann auch leicht, auf die für sie relevanten Schlagwörter zu kommen.

Diese Visualisierung des erfolgreichen Ausgangs gab ich Frau Kaiser bis zum Operationstermin als Hausaufgabe auf. Sie sollte jeden Tag einmal mit der Allmählichen Muskelentspannung (siehe Seite 67) zur Ruhe kommen und dann den Entspannungs-Garten (siehe Seite 70) sowie die Visualisierung des positiven Ausgangs der Operation anschließen. Außerdem erstellten wir ein Skript, das sich Frau Kaiser dann auf Kassette sprach. Mit dem Krankenhaus vereinbarte sie, dass ihr diese Kassette während der Operation über Kopfhörer vorgespielt wurde. Der Arzt war zwar etwas erstaunt, willigte aber gerne ein, nachdem Frau Kaiser ihm den Zeitungsartikel zeigte, der sich auf einen wissenschaftlichen Versuch an einem angesehenen Krankenhaus bezog.

Die Operation verlief reibungslos und Frau Kaiser erwachte aus der Narkose frisch und munter – keine Spur von Übelkeit. Der Heilungsprozess verlief auch sehr viel schneller als normal. Frau Kaiser konnte schon bald fühlen, wie ihre Energie zurückkehrte, genau, wie sie es sich selber auf der Kassette suggeriert hatte. Sie durfte sogar eine Woche früher nach Hause.

Zielkategorie L
Aufstieg in die Bundesliga

Stefan (20) war ein junger Fußballspieler, der hoch hinaus wollte. Er war begabt und wusste, dass er das Zeug dazu hatte, in eine höhere Liga aufzusteigen. Auch sein Trainer hatte ihm das bestätigt. Aber jedes Mal, wenn es darauf ankam, machten Stefan seine Nerven einen Strich durch die Rechnung. »Neulich war ein Talentsucher eines großen Vereins bei uns und hat beim Training zugesehen«, erzählte Stefan. »Sobald ich davon erfuhr, wurde ich sehr nervös und machte nur noch blöde Fehler im Spiel. Dabei spiele ich sonst wirklich gut!«

Stefan war so darauf fixiert, seinen Weg in den professionellen Fußball zu schaffen, dass er sich mit seiner Verbissenheit selber das Leben schwer machte. Er hatte auch Bücher über Positives Denken gelesen und verstand nicht, warum seine Versuche immer wieder fehlschlugen, sich den erfolgreichen Ausgang vorzustellen. Er hatte sich Affirmationen erstellt, die er sich schon wochenlang jeden Tag vorsagte, aber irgendwie schienen diese keinen Effekt zu haben.

Ich ließ mir von Stefan genau erklären, wie er seine Affirmationen formuliert hatte. Sie lauteten folgendermaßen: »Ich zeige keinerlei Angst, wenn ein Talentsucher beim Training zuschaut« und »Ich spiele besonders gut, wenn wichtige Leute zuschauen«.

Die erste Affirmation hatte einen gravierenden Fehler: Indem Stefan hier negativ formuliert hatte (»keinerlei Angst«), verband sein Unterbewusstsein das Gefühl der Angst mit der Anwesenheit des Talentsuchers. »Das Wort ›kein‹ übersieht das Unterbewusstsein dabei und schafft lediglich die Verbindung ›Angst und Talentsucher‹«, erklärte ich Stefan. »Sie wollen aber ruhig bleiben, egal, wer zuschaut.«

Wir änderten die Affirmation dann so um, dass sie für Stefan stimmte: »Ich kann lernen, ruhig und gelassen zu bleiben, wenn mir andere beim Spiel zuschauen.« Stefan beschränkte sich zunächst auf diese eine Affirmation. Seine zweite Affirmation war zwar richtig formuliert, für ihn aber unglaubwür-

dig, wie er feststellte, als er einmal beim Denken der Affirmation mit geschlossenen Augen auf sein Bauchgefühl achtete. Die Visualisierung des erfolgreichen Ausgangs hatte Stefan immer ohne einleitende Entspannung durchgeführt. Also übten wir zunächst einmal das Harmonische Atmen (siehe S. 66) und die Allmähliche Muskelentspannung (siehe S. 67). Dann arbeitete er mit der Übung »Drei Schritte in den Bildschirm« (siehe S. 96) weiter. Er stellte sich zunächst mit geschlossenen Augen vor, wie er einen anderen Fußballspieler auf einem geistigen Bildschirm beobachtete, der trotz großer Zuschauerscharen hervorragend spielte. Als er sich diese Szene als Außenstehender ruhig ansehen konnte, durfte er den Fußballspieler im Bildschirm durch seine eigene Person ersetzen, der er weiterhin als Außenstehender zusah. Nachdem auch diese Übung gut klappte, konnte er selber in den Bildschirm gehen und erleben, wie er trotz Zuschauermassen und vielen Beobachtern brillant spielte.
Schon nach drei Wochen stellten sich die ersten Erfolge ein. Sein Trainer fragte ihn, was er denn angestellt habe, dass er auf einmal so selbstsicher spiele, obwohl ein Talentsucher zugeschaut hatte. Stefan konnte es selber kaum glauben. »Ich habe nicht öfter trainiert, ich habe keine Beruhigungspillen genommen, und doch fühle ich mich wie verwandelt. Ich bin so auf mein Spiel konzentriert, dass ich alles andere um mich herum vergesse.«

Zielkategorie U
Durchsetzungsvermögen in der Familie

Frau Hochstetter (47) hatte in ihrem Leben gleich an zwei Fronten zu kämpfen: Ihr Schwiegervater war ein schwieriger Mann, und zu Hause kam sie auch nicht besonders gut mit ihren beiden Söhnen (8 und 10) klar. Die Kinder tanzten ihr auf der Nase herum und ihr Schwiegervater hatte ewig an etwas herumzunörgeln. »Mein Mann ist mir keine große Hilfe«, seufzte Frau Hochstettter. »Er kommt mit seinem Vater gut aus, weil er immer Ja und Amen zu allem sagt. Und meine Schwiegermutter traut sich nicht, gegen ihren Mann aufzumucken, sodass ich auch von ihr keine Unterstützung bekomme.«

Frau Hochstetter hatte erst spät geheiratet. »Heinz ist ein guter Ehemann und Vater, und ich bin mit meiner Ehe auch sehr zufrieden«, erzählte sie. »Ich wünschte mir nur, er würde auch mal meine Partei ergreifen, wenn sein Vater wieder mal an allem, was ich mache, herumnörgelt.«

Auch bei ihren Kindern konnte sich Frau Hochstetter nicht gut durchsetzen. »Mein Mann hat da keine Schwierigkeiten«, erzählte sie. »Er sagt ihnen klipp und klar, was Sache ist, und sie spuren. Ich wünschte, ich könnte das auch!« Als typisches Beispiel führte Frau Hochstetter an, dass die Kinder immer Theater machten, wenn sie sich im Auto anschnallen sollten. »Die Jungens sind wahrhaftig groß genug, sich alleine anzuschnallen. Trotzdem tun sie es nicht, sondern albern die ganze Zeit nur herum. Ich drohe, ich schimpfe, und schließlich steige ich dann doch aus und schnalle sie an. Ich weiß, ich bin zu wenig konsequent, aber ich weiß einfach nicht, wie ich es ändern kann.«

Zunächst überlegten wir gemeinsam, was Frau Hochstetter daran hinderte, sich den Kindern gegenüber durchzusetzen. Es stellte sich heraus, dass sie Angst hatte, keine gute Mutter zu sein, wenn sie Anforderungen an ihre Kinder stellte. »Um nicht zu scharf zu wirken, drücke ich Anforderungen immer nur ganz vorsichtig aus. Mein Mann dagegen sagt einfach etwas, das wie ein Befehl klingt, aber es wirkt! Mir ist seine Art aber zu hart.«

Ich erklärte Frau Hochstetter, dass Kinder eine feste Hand brauchen und dass sie ihren Kindern keinen Gefallen tut, wenn sie sich nicht klar ausdrückt. Im Übrigen würden die Jungens nicht so an ihrem Vater hängen, wenn seine Art tatsächlich so unmöglich wäre! Dieses Argument leuchtete Frau Hochstetter ein, und wir machten uns daran, ihr einige Affirmationen aufzustellen. Am meisten sagten ihr folgende Formulierungen zu: »Ich gebe klare Anweisungen und bestehe auf ihrer Befolgung. Meine klaren Anweisungen helfen den Kindern richtiges Verhalten zu lernen. Ich bleibe ruhig und gelassen, wenn ich Anweisungen gebe und die Kinder reagieren positiv.« Außer diesen Affirmationen sollte sie sich noch bildlich vorstellen, wie sie im Auto ruhig und bestimmt mit den Kindern spricht und nicht losfährt, ehe sich die Kinder nicht selber angeschnallt haben.

Nach einer Woche des Übens sollte Frau Hochstetter die Visualisierung dann in die Tat umsetzen. »Üben Sie erst einmal im Kopf, damit Sie sich sicher fühlen«, erklärte ich ihr. Aber schon nach vier Tagen erwischte sich Frau Hochstetter dabei, wie ihr die selbstbewusstere Wortwahl den Kindern gegenüber herausrutschte. »Die Kinder haben zwar noch einen Moment lang weitergehampelt, aber dann schnallten sie sich wirklich selber an. Ich konnte es nicht fassen! Warum habe ich das nicht schon früher gemacht?«

Nachdem dieses Problem behoben war, ging es an das Projekt »Schwiegervater«. Welche positive Einstellung brauchte sie hier, um seine Besuche besser zu überstehen? Ich erklärte ihr, dass sie die Haltung ihres Schwiegervaters nicht ändern könne, nur ihre eigene. Ich bat Frau Hochstetter, die Augen zu schließen und sich einmal vorzustellen, sie hätte auf einmal unumstößliches Selbstvertrauen. Wie würde sie jetzt auf eine typische Nörgelei des Schwiegervaters reagieren? Frau Hochstetter probierte verschiedene Lösungsmöglichkeiten aus. Schließlich entschied sie sich dafür, immer mit »Aha« oder »Tatsächlich?« zu antworten, wenn der Schwiegervater

nörgelte. »Diese Suppe dürfte ruhig etwas heißer sein!« »Tatsächlich?« – »Wenn du die Zimmerpflanzen nicht öfter gießt, vertrocknen sie dir bald.« »Aha.« – Wichtig war, dass Frau Hochstetter außer dieses einsilbigen aber freundlichen Kommentars nicht weiter auf die Nörgelei einging, sondern gleich zu einem anderen Thema überging.
Frau Hochstetter hatte zwei Wochen Zeit, diese Szenen zu visualisieren. Dann kam der große Test: Der schwiegerelterliche Besuch war wieder einmal fällig. »Ich habe mich selbst übertroffen«, lachte Frau Hochstetter. »Er hat diesmal nur eine halbe Stunde lang genörgelt statt dies den ganzen Nachmittag lang zu tun. Ich bin einfach nicht auf seine Kommentare eingegangen und habe mich auch nicht wie sonst versucht zu rechtfertigen.« Die Vorstellung, eine selbstbewusste Frau zu sein, hatte Frau Hochstetter geholfen, eine selbstbewusste Frau zu werden.

Zielkategorie A
Ein kluger Kopf macht Beine

Ein guter Freund von mir äußerte einmal, wie schwer er es fände, sich zu ein bisschen mehr Bewegung aufzuraffen. Ernst (37) war gerade in eine neue Wohnung gezogen, die nicht weit von seiner Arbeitsstelle lag. »Ich könnte morgens bequem in zwanzig Minuten zur Arbeit laufen. Es ist sogar eine ganz nette Strecke, durch kleine Seitenstraßen und einen Park«, erzählte er. »Trotzdem kann ich mich nicht dazu durchringen. Ich nehme letzten Endes doch immer wieder den Wagen, obwohl ich weiß, dass ich mich wohler fühle, wenn ich mich mehr bewege. Wie kann ich nur meine eigene Faulheit überwinden?«
Ich erklärte ihm, dass dies ein bekanntes Dilemma sei. Man weiß zwar auf logischer Ebene, was gut und richtig wäre, aber auf der gefühlsmäßigen Ebene sperrt sich etwas in ei-

nem. Wenn er etwas erreichen wolle, müsse er also an seiner gefühlsmäßigen Reaktion arbeiten, und dazu wiederum müsse er seinen Kopf benutzen.

Mit der Methode »Das hilfsbereite Unterbewusstsein« (siehe Seite 62) untersuchten wir zunächst einmal, welche Nachteile es für Ernst hatte, zu Fuß zur Arbeit zu gehen. Seine spontane Antwort war: »Keine!« Ich bat ihn daraufhin, einmal die Augen zu schließen und sich etwas zu entspannen. Dann sollte er sich vorstellen, wie er an einem schönen Sommertag aus der Wohnung trat und vor der Wahl stand: mit dem Auto oder zu Fuß? Ich bat ihn, darauf zu achten, welcher Satz ihm in diesem Moment durch den Kopf ging, sodass er dann doch ins Auto stieg statt zu laufen. Ernst entdeckte, dass sein Sabotagesatz lautete: »Lieber nicht zu Fuß! Heute Abend bist du vielleicht zu müde zum Zurücklaufen.«

Ich erklärte Ernst, dass dieser Gedanke eine Schutzmaßnahme des Unterbewusstseins sei, damit er sich nicht überanstrenge. Ernst sollte sich jetzt sein Unterbewusstsein als Person vorstellen und ihm für seine gute Absicht danken. Dann sollte Ernst seinem Unterbewusstsein neue Instruktionen geben, sodass es ihn nicht mehr von seinem Vorhaben abhielt, zu Fuß zu gehen. Ernst beschloss, dass er von seinem Unterbewusstsein gerne Folgendes hören wollte: »Gönn dir doch diesen angenehmen Spaziergang. Auf dem Rückweg hilft er dir sogar, von der Arbeit besser abzuschalten!« Ernst stellte sich nun vor, wie er seinem Unterbewusstsein diese Sätze vorgab. Sein Unterbewusstsein erklärte sich auch bereit, ihn morgens auf diese Weise zu ermutigen.

Ernst war nach seiner kleinen Privatsitzung bei mir nicht überzeugt. Er hatte zwar brav alles mitgemacht, fand die Übung mit dem Unterbewusstsein aber kindisch. Ich bat ihn, trotz seiner Skepsis darauf zu achten, was in den nächsten Tagen passierte. Er versprach, mich in einer Woche anzurufen. Als ich nichts von ihm hörte, griff ich selber zum Telefonhörer. Als ich Ernst an der Leitung hatte, erkundigte ich mich, wie er denn jetzt morgens zurechtkäme. »Na ja«, meinte er, »ich gebe es ja nicht gerne zu, aber es hat tätsächlich funktioniert. Und es war auch ganz einfach. Ich weiß gar nicht, warum ich es vor einer Woche noch so schwer fand, das Auto stehenzulassen. Das Problem ist jetzt jedenfalls gelöst – vielen Dank!«

Anhang

Weiterführende Literatur

Field, Lynda: Aktiv-Programm Selbstbewusstsein. Midena, 1998.

Kirschner, Josef: Hilf dir selbst, sonst hilft dir keiner. Die Kunst, glücklich zu leben. Knaur, 1990.

Peiffer, Vera: Positives Denken. Was Sie längst wussten, aber sich nicht trauten in die Tat umzusetzen. Knaur, 2003.

Peiffer, Vera: Nur keine Angst! Wirksame Techniken zur Selbsthilfe. Das Erfolgsprogramm gegen Angstzustände und Panikattacken. Knaur, 2004.

Nützliche Adressen

Wenn Sie Fragen zu den im *Aktiv-Progamm Positives Denken* vorgestellten Methoden haben oder sich für Seminare über Positives Denken interessieren, wenden Sie sich bitte an folgende Adresse:
Peiffer Kolleg
Geheimrat-Schott-Straße 15a
D-69181 Leimen
Tel.: 0 62 24/95 15 01
Fax: 0 62 24/95 18 84

Um einen geeigneten Therapeuten in Ihrer Gegend zu finden, können Sie bei der folgenden Adresse ein Berufsverzeichnis anfordern:
Institut für Humanistische Psychologie
Schubbendenweg 4
D-52249 Eschweiler
www.ihp.de
Tel.: 0 24 03/47 26
Fax: 0 24 03/2 04 47

Register

Vera Peiffer

ABC des Positiven Denkens

Das Nachschlagewerk für alle Lebenslagen

Vera Peiffer stellt in ihrem Buch leicht nachvollziehbare Mentaltechniken vor, die uns unterstützen, Probleme unterschiedlichster Art zu lösen und das Leben wieder positiver zu sehen. Ob durch Affirmationen, Positiv-Skripts, Visualisierungen oder konkrete Tipps von A bis Z – die Möglichkeiten sind so vielfältig wie das Leben selbst.

Knaur
MensSana

Joseph Murphy

Innere Stärke durch positives Denken

Das große Dr. Joseph Murphy-Lesebuch

In diesem Lesebuch stellt Joseph Murphy die schönsten Beispiele für die Kraft des positiven Denkens zusammen. Er zeigt damit einen Weg zu Glück, Erfolg und geistiger Entwicklung. Ein idealer Einstieg für alle, die diesen Weg gehen wollen.

Erhard F. Freitag

Heilende Gedanken

Affirmationen für ein erfülltes Leben

Dieses Buch lädt dazu ein, sich täglich mit positiven Gedanken zu stärken, um das bislang Unerreichte möglich zu machen – in allen Lebensbereichen. Es bietet eine Auswahl hilfreicher Affirmationen für mehr Lebensfreude, eine stabile Gesundheit, ein besseres Miteinander in Liebe und Freundschaft sowie Erfolg in beruflichen und finanziellen Dingen.
Heilende Gedanken wird unser Leben verändern und kann so wertvoll werden wie ein guter Freund!

Donna Leslie Thomson

Mehr Energie!

Innere Kräfte aktivieren und wirkungsvoll nutzen

Leslie Thomson zeigt, wie wir unsere inneren Kräfte freisetzen und wirkungsvoll nutzen können. Einfache Übungen und Meditationen helfen uns, die eigenen Energien in die gewünschte Richtung fließen zu lassen. So aktivieren wir unser vorhandenes Potenzial und erhalten freien Zugang zu unserer Lebenskraft.